中国自由贸易试验区协同创新中心支持项目
国家哲学社会科学基金重大项目（14ZDA079）
“中国（上海）自由贸易试验区的实践探索与经验研究”后续项目
上海市政府决策咨询研究基地“赵晓雷工作室”主持项目

自贸区实践指南

图解工作手册

（第二版）

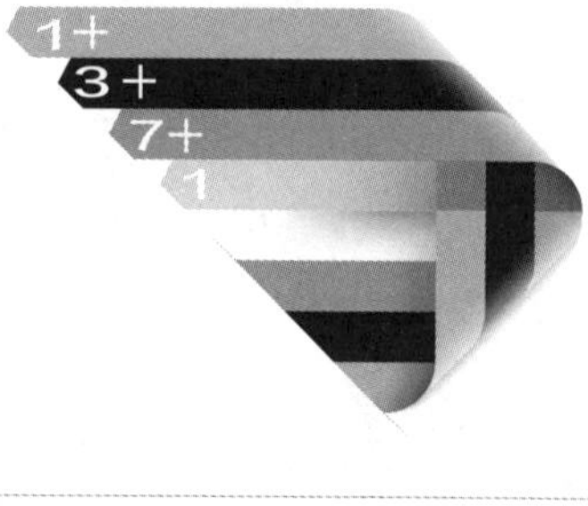

赵晓雷 ◎ 主编

1 中国（上海）自由贸易试验区

3 中国（广东）自由贸易试验区
中国（天津）自由贸易试验区
中国（福建）自由贸易试验区

7 中国（陕西）自由贸易试验区
中国（四川）自由贸易试验区
中国（重庆）自由贸易试验区
中国（湖北）自由贸易试验区
中国（河南）自由贸易试验区
中国（浙江）自由贸易试验区
中国（辽宁）自由贸易试验区

1 中国（海南）自由贸易试验区

东北财经大学出版社
Dongbei University of Finance & Economics Press
大连

图书在版编目（CIP）数据

自贸区实践指南：图解工作手册 / 赵晓雷主编. —2版.
—大连：东北财经大学出版社，2019.5
ISBN 978-7-5654-3512-6

Ⅰ.自…　Ⅱ.赵…　Ⅲ.自由贸易区-中国-图解　Ⅳ.F752-64

中国版本图书馆CIP数据核字（2019）第075620号

东北财经大学出版社出版
（大连市黑石礁尖山街217号　邮政编码　116025）
网　　址：http://www.dufep.cn
读者信箱：dufep@dufe.edu.cn
大连图腾彩色印刷有限公司印刷　东北财经大学出版社发行

幅面尺寸：170mm×240mm　　字数：129千字　　印张：10.5
2019年5月第2版　　2019年5月第2次印刷

责任编辑：蔡　丽　　责任校对：蓝　海
封面设计：冀贵收　　版式设计：钟福建

定价：42.00元

第二版前言

2013年9月，中国（上海）自由贸易试验区正式挂牌运作，中国产生了第一家与此前的经济特区、开发区、产业园区在指导思想、总体目标、功能定位、任务措施等方面有所不同的改革开放载体。自由贸易试验区（以下简称自贸试验区或自贸区）的核心功能是扩大开放、深化改革、制度创新。它不是一个“政策洼地”，也不是不可复制推广的“盆景”，而是一个“制度创新高地”，实践的是一种制度创新试验。自贸试验区肩负着我国在新时期加快政府职能转变、积极探索管理模式创新、促进贸易和投资便利化，为全面深化改革和扩大开放探索新途径、积累新经验的重要使命，是国家战略的需要。上海自贸试验区紧紧抓住“制度创新”这一核心，以“扩大开放—深化改革—促进发展”为主线，从3条路径推进建设：

第一，以市场在资源配置中起决定性作用和更好发挥政府作用为主线，遵循简政放权、放管结合、优化服务的改革逻辑，构建权责明确、公平公正、透明高效的市场准入及事中与事后监管体系，率先实现政府职能由注重事前审批向注重事中与事后监管转变，实现治理体系现代化。

第二，以主动对接国际贸易投资高标准、培育功能与政策创新为主线，遵循投资、贸易便利化及金融开放创新的改革要求，先行先试国际投资、国际贸易、国际金融、国际航运等方面的开放措施及监管创新，形成一套适应国际与国内要素有序、自由流动的管理制度和监管模式。

第三，以提高法制保障、优化法律环境为主线，根据行为规则和监管制度协调一致原则，推进国际化、市场化、法治化的营商环境建设。

在进行上海自贸试验区建设3周年总体评估时，中共中央总书记、国家主席、中央军委主席习近平对上海自贸试验区建设作出重要指示：建设上海自贸试验区是党中央、国务院在新形势下全面深化改革和扩大开放的一项战略举措。上海市与商务部等不负重托和厚望，密切配合、攻坚克难，紧抓“制度创新”这个核心，主动服务国家战略，工作取得多方面重大进展，一批重要成果复制推广到全国，总体上实现了初衷。

中共中央政治局常委、国务院总理李克强作出批示：3年来，上海市与商务部会同有关部门锐意改革，勇于创新，扎实进取，上海自贸试验区建设取得重大进展，为全面深化改革、推动高水平对外开放积累了宝贵经验。

2015年，中国（广东）自由贸易试验区、中国（天津）自由贸易试验区、中国（福建）自由贸易试验区相继成立。广东、天津、福建自贸试验区以上海自贸试验区试点的主要任务与措施为主体，结合自身特点分别在促进中国内地与港澳经济深度合作、推进京津冀协同发展、深化两岸经济合作等方面积极开展探索，形成各具特色、各有侧重的试点格局。广东自贸试验区要依托毗邻港澳的区位优势和对外开放优势，实现粤港澳深度合作，形成国际经济合作的新优势。天津自贸试验区要在京津冀协同发展和我国经济转型发展中发挥示范引领作用。福建自贸试验区要创新两岸合作机制，增强闽台经济关联度，拓展与21世纪海上丝绸之路沿线国家和地区交流合作的深度和广度。

中国自贸试验区2.0版在功能定位上更突出引领区域发展。由于国内外高端生产要素和企业的集聚有相当的区位条件、经济条件和制度-技术条件要求，自贸试验区通过扩大开放、深化改革、制度创新，释放试验区的制度创新红利，在对内、对外的辐射区域形成经济社会发展、基本公共服务、市场监管制度、法制环境、产业结构、国际化发展等要素一体化的制度条件和营商环境，形成国际化的区域价值链及合作新格局，引领区域经济转型发展。

2014年12月21日，国务院发布《关于推广中国（上海）自由贸易试验区可复制改革试点经验的通知》，经党中央、国务院批准，上海自贸试验区第一批可复制改革试点经验在全国范围内推广。

2016年8月31日，中共中央、国务院决定，在辽宁省、浙江省、河南省、湖北省、重庆市、四川省、陕西省设立7个自由贸易试验区，中国自贸试验区建设进入了新阶段。如果把上海自贸试验区比作1.0版，广东、天津、福建3家自贸试验区比作2.0版，那么新的7家自贸试验区可谓3.0版。

2016年11月10日，国务院发布《关于做好自由贸易试验区新一批改革试点经验复制推广工作的通知》，经党中央、国务院批准，上海及广东、天津、福建自贸试验区可复制、可推广的新一批改革试点经验在全国范围内复制推广。

2018年4月13日，党中央决定在海南全岛建设自由贸易试验区，支持海南逐步探索、稳步推进中国特色自由贸易港建设，分步骤、分阶段建立自由贸易港政策和制度体系。海南全岛建设自贸试验区，标志着我国5年来的自贸试验区探索实现新跨越，将成为新一轮改革开放的试验田。

自贸试验区“1+3+7+1”的布局说明中国面对国际、国内形势的新变化，通过扩大开放、深化改革，在构建开放型经济新体制方面获得了良好的成效。而中国经过上海自贸试验区的先行先试，所积累的经验能够支持进一步布局更多的自贸试验区。后设的7家自贸试验区大多布局在中西部地区，对接“一带一路”特别是丝绸之路经济带。自由贸易区战略和“一带一路”倡议是新形势下中国对外开放的顶层设计，目的是适应经济全球化的新形势，加快培育、参与和引领国际经济合作的竞争新优势。基于这样的战略思维，中国实施自由贸易区战略和“一带一路”倡议，积极开展多边、双边自由贸易区谈判和双边投资协定谈判，倡导区域全面经济伙伴关系协定和亚太自贸区协定，形成面向全球、辐射“一带一路”的自由贸易区网络和对外开放新格局。

后设的特别是位于中西部的自贸试验区在运行方面应该具备两个特点：

第一，制度创新与园区开发融合互动。制度创新是根据总体方案要求，通过改革创新提供有效的制度供给条件。在此基础上，创新招商服务体制与机制，创新商业模式和产业业态，铸就招商、造商、营商的功能优势。

第二，依托基础设施“互联互通”和中欧快速货运班列连接“一带一路”沿线国家和地区，发展国际投资、国际贸易、国际物流等。中西部自贸试验区的愿景是沿着“一带一路”，经新亚欧大陆桥经济走廊、中伊土经济走廊、中新澳经济走廊、孟中印缅经济走廊，形成泛亚欧的互联互通的经济合作新格局。

为了支持新的自贸试验区建设及自贸试验区改革经验的复制推广，我们修订了《自贸区实践指南——图解工作手册》。本书主要以上海自贸试验区的实践经验为基础，以国家哲学社会科学基金重大项目“中国（上海）自由贸易试验区的实践探索与经验研究”的研究成果为依托，结合新形势和新政策，从国家战略层面、制度创新层面、主要任务层面对自贸试验区的建设运行给出了实践操作方面的描述。本书既对自贸试验区的国家战略意图进行了准确解读，又对制度创新及主要建设任务的操作规范作了图文并茂的“指南”，以求为中国自贸试验区的建设大业贡献绵薄之力。

本书的文字撰写主要由赵晓雷完成，其中，广东、天津、福建自贸试验区的管理体制和工作机制的初稿，以及各篇的“视窗”的文字由邓涛涛完成。本书各篇中的配图由以下3位上海财经大学的老师创作：王婧负责第1、8、9篇，刘江华负责第2、4、5篇，陈仁丽负责第3、6、7篇。第二版主要完善了个别语句，补充了部分自贸试验区的新发展实践。感谢中国自由贸易试验区协同创新中心对本项目的支持，感谢东北财经大学出版社的创造性策划，感谢责任编辑蔡丽女士精湛、专业的工作，感谢研究团队的通力合作。

2019年4月于上海财经大学

目 录

目 录

1

国家战略篇

1.1 自由贸易试验区的国家战略意义

1.1.1 新形势下推进改革开放的重大举措

建立自由贸易试验区是党中央、国务院作出的重大决策。自贸试验区肩负着我国在新时期加快政府职能转变、积极探索管理模式创新、促进贸易和投资便利化，为全面深化改革和扩大开放探索新途径、积累新经验的重要使命，是国家战略的需要（见图 1–1）。[①]

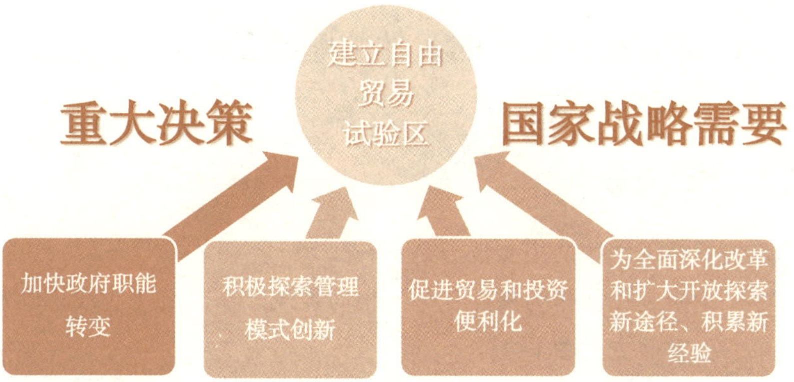

图 1–1　自贸试验区的国家战略意义

1.1.2 制度创新的“试验田”

自贸试验区要紧抓制度创新这个核心，主动服务国家战略，及时评估试点的实施效果，形成可复制、可推广的改革经验和制度创新成果，更好地发挥示范引领效应，彰显全面深化改革和扩大开放的“试验田”作用（见图 1–2）。

① 《中国（上海）自由贸易试验区总体方案》（2013 年 9 月 18 日）。

图 1-2　自贸试验区是制度创新的“试验田”

1.2　自由贸易试验区的主体战略功能

1.2.1　主要任务

自由贸易试验区的主要任务是:

(1) 把制度创新作为核心任务，把防控风险作为重要底线，以开放促改革、促发展（见图 1-3）。

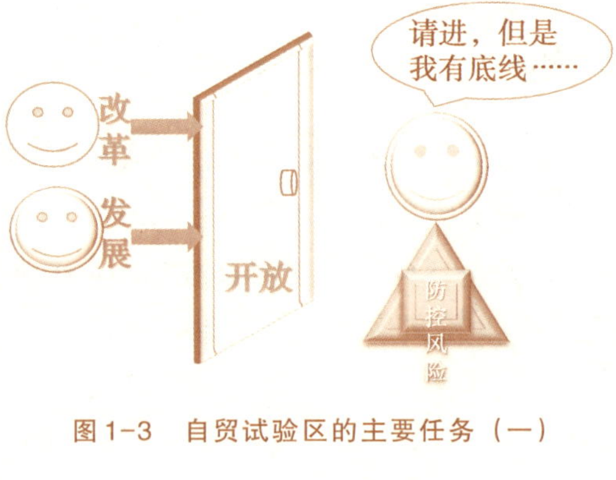

图 1-3　自贸试验区的主要任务（一）

（2）加快政府职能转变，扩大投资领域开放及投资管理制度创新，推进贸易监管制度创新和贸易发展方式转变，推进金融领域及金融制度开放创新，完善法治领域的制度和政策保障（见图1-4）。

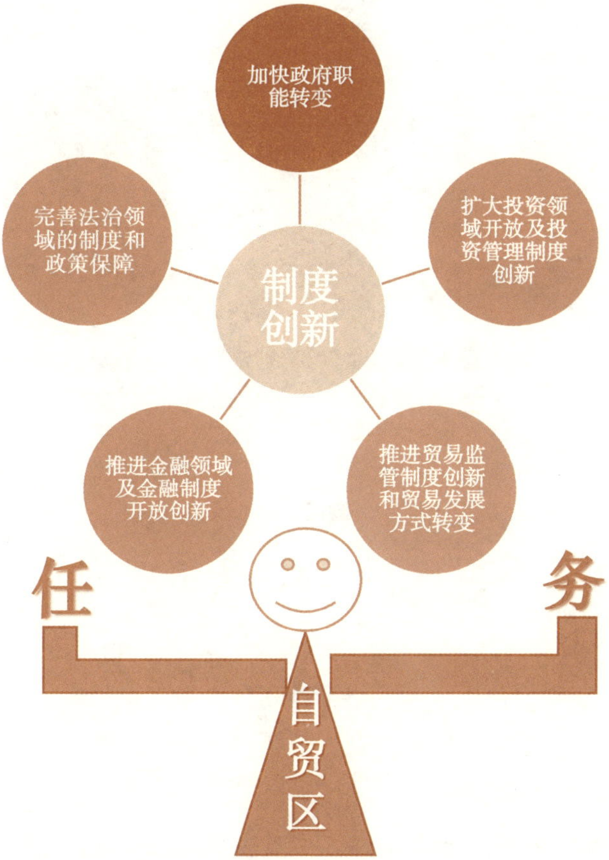

图1-4　自贸试验区的主要任务（二）

1.2.2　发展目标

自由贸易试验区的发展目标是：率先建立同国际投资和贸易通行规则相衔接的制度体系，把自贸试验区建设成为投资贸易自由、规划开放透明、监管公平高效、营商环境便利的国际高标准自由贸易园区（见图

1-5）。[①]

图1-5　自贸试验区的发展目标

视窗1-1

营商环境

营商环境是指企业在开设、经营、贸易、纳税、履行合约等方面面临的商业监管环境。

经济活动需要良好的规则，这包括确立和澄清产权、降低解决争端的成本、增强经济交易的可预测性、为签署合同的各方提供核心保护等各类规则（世界银行，2013）。良好的营商监管一方面要有高效的监管程序，另一方面要有强有力的制度，建立起透明、可执行的规则。

① 《全面深化中国（上海）自由贸易试验区改革开放方案》（2017年3月31日）。

世界银行于2002年起开始发布营商环境报告，用来衡量全球189个经济体对位于本经济体最大商业城市的国内中小企业的商业监管效率（世界银行，2015）。

世界银行推出的营商环境衡量指标覆盖了企业生命周期的10个领域：开办企业、办理施工许可、获得电力、登记财产、获得信贷、保护投资者、交税、跨境贸易、执行合同和办理破产。这些指标从企业的角度，通过基于时间–动作方法的案例研究，衡量根据相关法规完成一项交易所需的手续、时间和成本。

1.3　自由贸易试验区的布局与功能定位

1.3.1　“1+3+7+1”的自贸试验区布局

在上海以及广东、天津、福建自贸试验区建设取得了显著成效之后，自贸试验区作为扩大开放、深化改革的“试验田”具备了进一步向全国复制推广的条件。2016年9月，中共中央、国务院决定，在辽宁省、浙江省、河南省、湖北省、重庆市、四川省、陕西省设立7个自贸试验区；2018年4月，党中央决定在海南全岛建设自由贸易试验区，开启了“1+3+7+1”的自贸试验区扩展试点新格局（见图1–6）。①

1.上海自贸试验区

2013年9月18日，国务院发布《中国（上海）自由贸易试验区总体

① 2018年4月13日，习近平在庆祝海南建省办经济特区30周年大会上郑重宣布，党中央决定支持海南全岛建设自由贸易试验区。2018年4月14日，中共中央、国务院发布《关于支持海南全面深化改革开放的指导意见》（中发〔2018〕12号），明确以现有自由贸易试验区试点内容为主体，结合海南特点，建设中国（海南）自由贸易试验区，实施范围为海南岛全岛。2018年10月16日，国务院批复同意设立中国（海南）自由贸易试验区（以下简称海南自贸试验区）并印发《中国（海南）自由贸易试验区总体方案》。

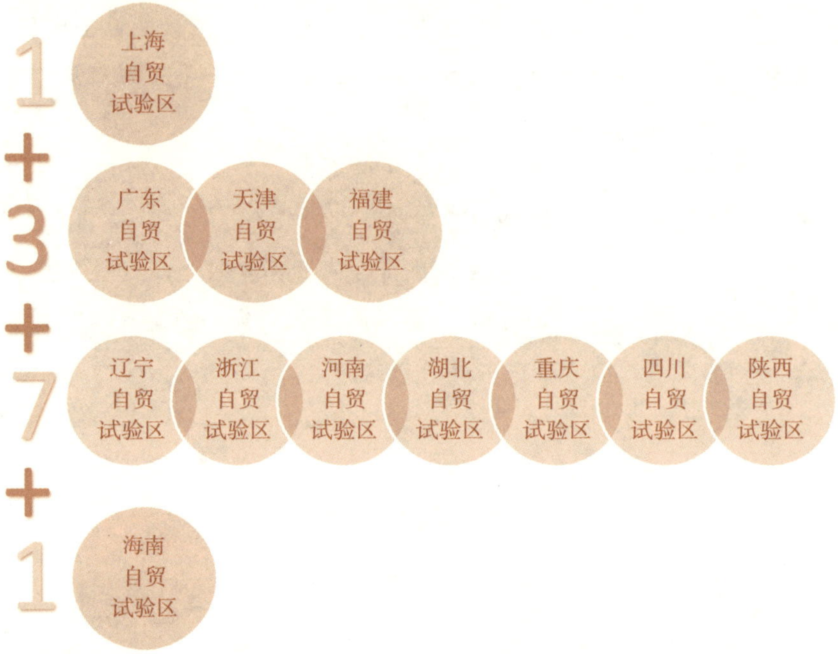

图1-6　“1+3+7+1”的自贸试验区布局

方案》，明确上海自贸试验区的实施范围涵盖上海外高桥保税区、上海外高桥保税物流园区、洋山保税港区和上海浦东机场综合保税区等4个海关特殊监管区域，总面积为28.78平方公里。

2015年4月8日，国务院发布《进一步深化中国（上海）自由贸易试验区改革开放方案》，明确上海自贸试验区的实施范围为120.72平方公里，涵盖以下片区：

（1）上海外高桥保税区、上海外高桥保税物流园区、洋山保税港区、上海浦东机场综合保税区4个海关特殊监管区域，总面积为28.78平方公里。

（2）陆家嘴金融片区，面积为34.26平方公里。

（3）金桥开发片区，面积为20.48平方公里。

（4）张江高科技片区，面积为37.2平方公里。

2.广东自贸试验区

广东自贸试验区的实施范围为116.2平方公里，涵盖3个片区：

（1）广州南沙新区片区，面积为60平方公里，包含广州南沙保税港区，面积为7.06平方公里。

（2）深圳前海蛇口片区，面积为28.2平方公里，包含深圳前海湾保税港区，面积为3.71平方公里。

（3）珠海横琴新区片区，面积为28平方公里。

3.天津自贸试验区

天津自贸试验区的实施范围为119.9平方公里，涵盖3个片区：

（1）天津港片区，面积为30平方公里，包含东疆保税港区，面积为10平方公里。

（2）天津机场片区，面积为43.1平方公里，包含：

①天津港保税区空港部分，面积为1平方公里；

②滨海新区综合保税区，面积为1.96平方公里。

（3）滨海新区中心商务片区，面积为46.8平方公里，包含天津港保税区海港部分和保税物流园区，总面积为4平方公里。

4.福建自贸试验区

福建自贸试验区的实施范围为118.04平方公里，涵盖3个片区：

（1）平潭片区，面积为43平方公里。

（2）厦门片区，面积为43.78平方公里，包含：

①象屿保税区，面积为0.6平方公里；

②象屿保税物流园区，面积为0.7平方公里；

③厦门海沧保税港区，面积为9.51平方公里。

（3）福州片区，面积为31.26平方公里，包含：

①福州保税区，面积为0.6平方公里；

②福州出口加工区，面积为1.14平方公里；

③福州保税港区，面积为9.26平方公里。

5.辽宁自贸试验区

辽宁自贸试验区的实施范围为119.89平方公里，涵盖3个片区：

（1）大连片区，面积为59.96平方公里，包含：

①大连保税区，面积为1.25平方公里；

②大连出口加工区，面积为2.95平方公里；

③大连大窑湾保税港区，面积为6.88平方公里。

（2）沈阳片区，面积为29.97平方公里。

（3）营口片区，面积为29.96平方公里。

6.浙江自贸试验区

浙江自贸试验区的实施范围为119.95平方公里，由陆域和相关海洋锚地组成，涵盖3个片区：

（1）舟山离岛片区，面积为78.98平方公里，包含舟山港综合保税区区块二，面积为3.02平方公里）。

（2）舟山岛北部片区，面积为15.62平方公里，包含舟山港综合保税区区块一，面积为2.83平方公里。

（3）舟山岛南部片区，面积为25.35平方公里。

7.河南自贸试验区

河南自贸试验区的实施范围为119.77平方公里，涵盖3个片区：

（1）郑州片区，面积为73.17平方公里，包含：

①河南郑州出口加工区A区，面积为0.89平方公里；

②河南保税物流中心，面积为0.41平方公里。

（2）开封片区，面积为19.94平方公里。

（3）洛阳片区，面积为26.66平方公里。

8.湖北自贸试验区

湖北自贸试验区的实施范围为119.96平方公里，涵盖3个片区：

（1）武汉片区，面积为70平方公里，包含武汉东湖综合保税区，面积为5.41平方公里。

（2）襄阳片区，面积为21.99平方公里，包含襄阳保税物流中心（B型），面积为0.281平方公里。

（3）宜昌片区，面积为27.97平方公里。

9.重庆自贸试验区

重庆自贸试验区的实施范围为119.98平方公里，涵盖3个片区：

（1）两江片区，面积为66.29平方公里，包含重庆两路寸滩保税港区，面积为8.37平方公里。

（2）西永片区，面积为22.81平方公里，包含：

①重庆西永综合保税区，面积为8.8平方公里；

②重庆铁路保税物流中心（B型），面积为0.15平方公里。

（3）果园港片区，面积为30.88平方公里。

10.四川自贸试验区

四川自贸试验区的实施范围为119.99平方公里，涵盖3个片区：

（1）成都天府新区片区，面积为90.32平方公里，包含：

①成都高新综合保税区区块四（双流园区），面积为4平方公里；

②成都空港保税物流中心（B型），面积为0.09平方公里。

（2）成都青白江铁路港片区，面积为9.68平方公里，包含成都铁路保税物流中心（B型），面积为0.18平方公里。

（3）川南临港片区，面积为19.99平方公里，包含泸州港保税物流中心（B型），面积为0.21平方公里。

11.陕西自贸试验区

陕西自贸试验区的实施范围为119.95平方公里，涵盖3个片区：

（1）中心片区，面积为87.76平方公里，包含：

①陕西西安出口加工区A区，面积为0.75平方公里；B区，面积为0.79平方公里。

②西安高新综合保税区，面积为3.64平方公里；

③陕西西咸保税物流中心（B型），面积为0.36平方公里。

（2）西安国际港务区片区，面积为26.43平方公里，包含西安综合保税区，面积为6.17平方公里。

（3）杨凌示范区片区，面积为5.76平方公里。

12.海南自贸试验区

海南自贸试验区的实施范围为海南岛全岛。海南陆地面积为3.54万平方公里。

1.3.2　功能定位互补

1.上海自贸试验区的功能定位

对照国际最高标准、最好水平的自由贸易区，全面深化自贸试验区改革开放，加快构建开放型经济新体制，在新一轮改革开放中进一步发挥引领示范作用。与科创中心建设和国际金融中心建设联动，建设成为国际高标准自由贸易园区、开放和创新融为一体的综合改革试验区（见图1-7）。[①]

① 《全面深化中国（上海）自由贸易试验区改革开放方案》（2017年3月31日）。

图 1-7　上海自贸试验区的功能定位

2.广东自贸试验区的功能定位

营造国际化、市场化、法治化的营商环境，构建开放型经济新体制，实现粤港澳深度合作，形成国际经济合作竞争的新优势，力争建成符合国际高标准的法治环境规范、投资和贸易便利、辐射带动功能突出、监管安全高效的自由贸易园区（见图 1-8）。①

3.天津自贸试验区的功能定位

将自贸试验区建设成为贸易自由、投资便利、高端产业集聚、金融服务完善、法治环境规范、监管高效便捷、辐射带动效应明显的国际一

① 《中国（广东）自由贸易试验区总体方案》（2015年4月20日）。

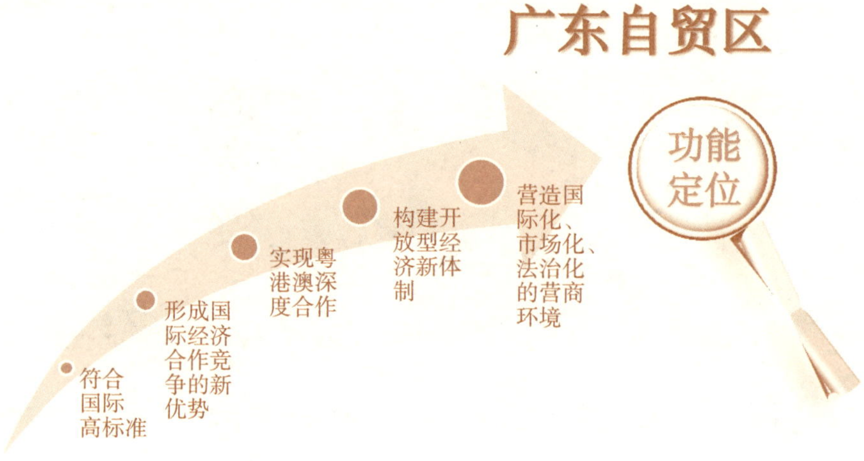

图 1-8 广东自贸试验区的功能定位

流自由贸易园区，在京津冀协同发展和我国经济转型发展中发挥示范引领作用（见图 1-9）。[①]

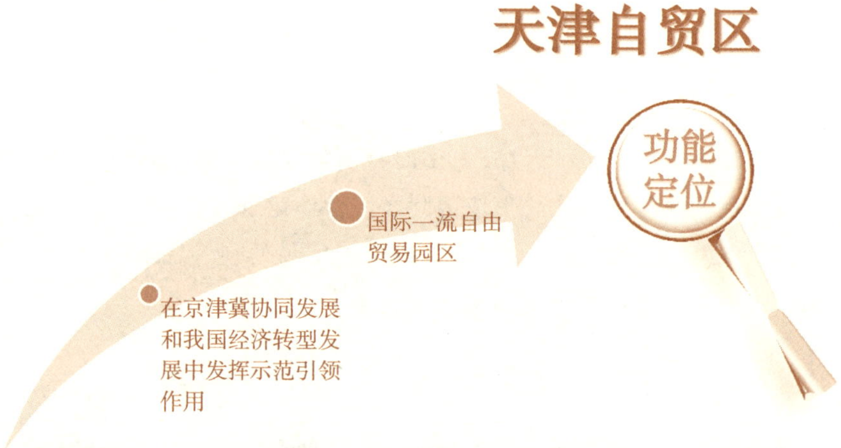

图 1-9 天津自贸试验区的功能定位

① 《中国（天津）自由贸易试验区总体方案》（2015 年 4 月 20 日）。

4.福建自贸试验区的功能定位

创新两岸合作机制，推动货物、服务、资金、人员等各类要素自由流动，增强闽台经济关联度。加快形成更高水平的对外开放新格局，拓展与21世纪海上丝绸之路沿线国家和地区交流合作的深度和广度。力争建成投资和贸易便利、金融创新功能突出、服务体系健全、监管高效便捷、法治环境规范的自由贸易园区（见图1-10）。①

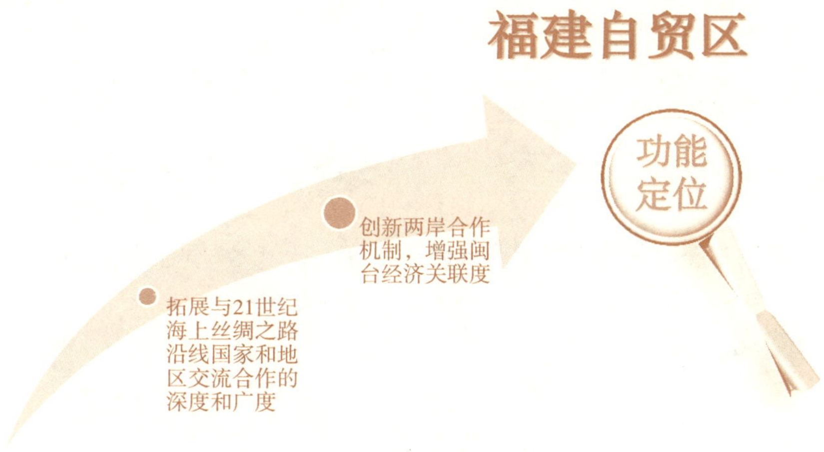

图1-10　福建自贸试验区的功能定位

5.辽宁自贸试验区的功能定位

以制度创新为核心，以可复制、可推广为基本要求，加快市场取向体制机制改革，积极推动结构调整，努力将自贸试验区建设成为提升东北老工业基地发展整体竞争力和对外开放水平的新引擎（见图1-11）。②

6.浙江自贸试验区的功能定位

以制度创新为核心，以可复制、可推广为基本要求，将自贸试验区

① 《中国（福建）自由贸易试验区总体方案》（2015年4月20日）。
② 《中国（辽宁）自由贸易试验区总体方案》（2017年3月31日）。

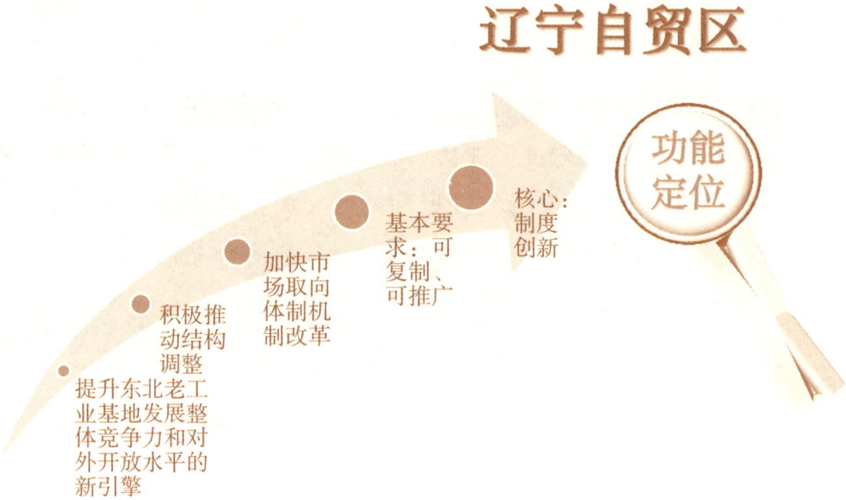

图 1-11　辽宁自贸试验区的功能定位

建设成为东部地区重要海上开放门户示范区、国际大宗商品贸易自由化先导区和具有国际影响力的资源配置基地（见图 1-12）。①

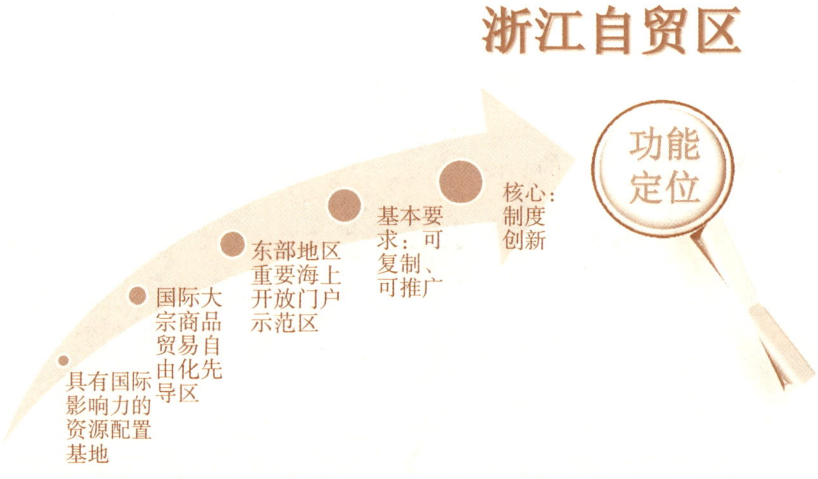

图 1-12　浙江自贸试验区的功能定位

① 《中国（浙江）自由贸易试验区总体方案》(2017 年 3 月 31 日)。

7.河南自贸试验区的功能定位

以制度创新为核心，以可复制、可推广为基本要求，加快建设贯通南北、连接东西的现代立体交通体系和现代物流体系，将自贸试验区建设成为服务于"一带一路"建设的现代综合交通枢纽、全面改革开放试验田的内陆开放型经济示范区（见图1-13）。①

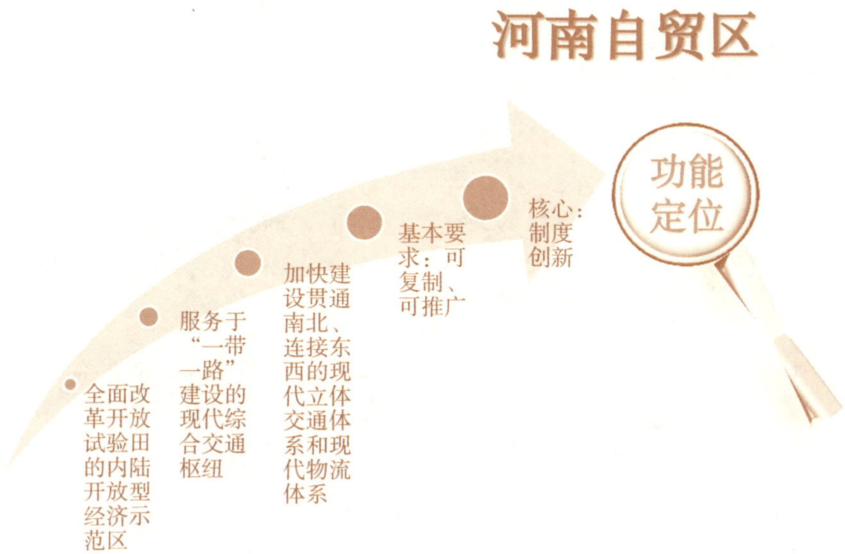

图1-13　河南自贸试验区的功能定位

8.湖北自贸试验区的功能定位

以制度创新为核心，以可复制、可推广为基本要求，立足中部、辐射全国、走向世界，努力成为中部有序承接产业转移示范区、战略性新兴产业和高技术产业集聚区、全面改革开放试验田和内陆对外开放新高地（见图1-14）。②

① 《中国（河南）自由贸易试验区总体方案》（2017年3月31日）。
② 《中国（湖北）自由贸易试验区总体方案》（2017年3月31日）。

图 1-14　湖北自贸试验区的功能定位

9.重庆自贸试验区的功能定位

以制度创新为核心，以可复制、可推广为基本要求，全面落实党中央、国务院关于发挥重庆战略支点和连接点的重要作用，加大西部地区门户城市开放力度的要求，努力将自贸试验区建设成为"一带一路"和长江经济带互联互通的重要枢纽、西部大开发战略的重要支点（见图1-15）。[①]

10.四川自贸试验区的功能定位

以制度创新为核心，以可复制、可推广为基本要求，立足内陆、承东启西，服务全国、面向世界，将自贸试验区建设成为西部门户城市开发开放引领区、内陆开放战略支撑带先导区、国际开放通道枢纽区、内陆开放型经济新高地、内陆与沿海沿边沿江协同开放示范区（见图1-16）。[②]

① 《中国（重庆）自由贸易试验区总体方案》(2017年3月31日)。
② 《中国（四川）自由贸易试验区总体方案》(2017年3月31日)。

图1-15　重庆自贸试验区的功能定位

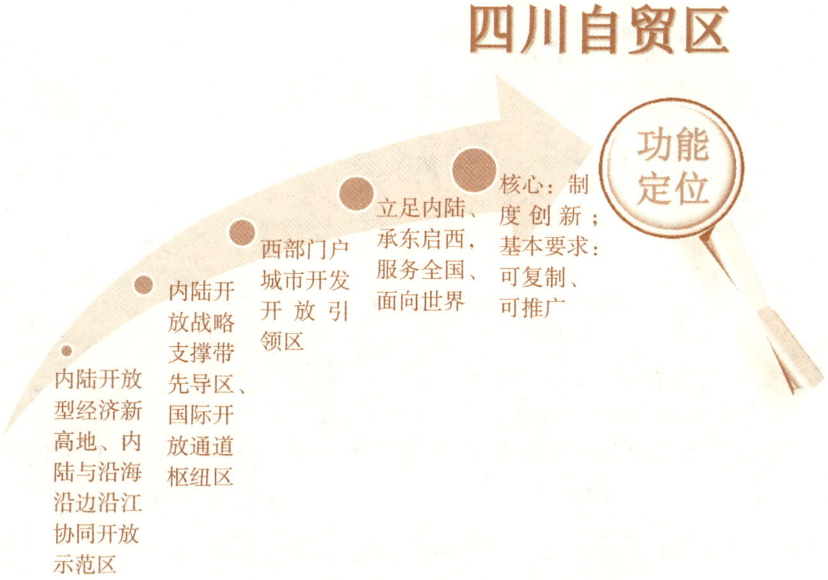

图1-16　四川自贸试验区的功能定位

11.陕西自贸试验区的功能定位

以制度创新为核心，以可复制、可推广为基本要求，全面落实党中央、国务院关于更好发挥“一带一路”建设对西部大开发的带动作用，加大西部地区门户城市开放的力度，努力将自贸试验区建设成为全面改革开放试验田、内陆型改革开放新高地、“一带一路”经济合作和人文交流重要支点（见图1-17）。[①]

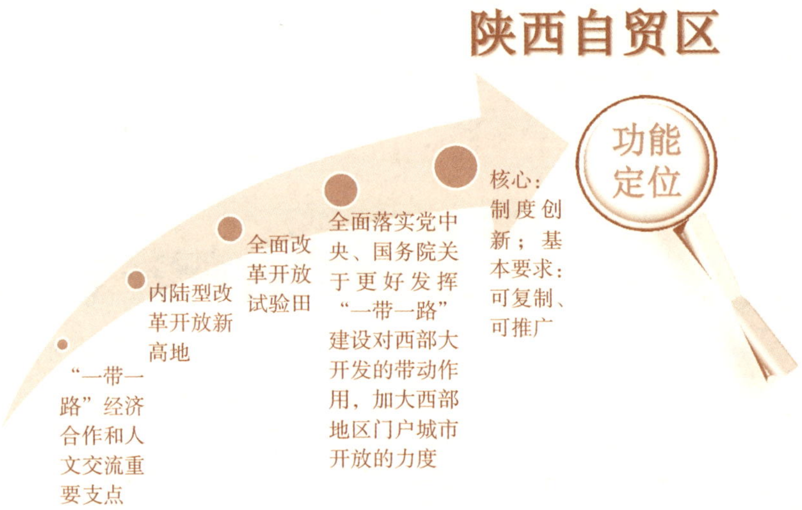

图1-17 陕西自贸试验区的功能定位

12.海南自贸试验区的功能定位

发挥海南岛全岛试点的整体优势，紧紧围绕建设全面深化改革开放试验区、国家生态文明试验区、国际旅游消费中心和国家重大战略服务保障区，实行更加积极主动的开放战略，加快构建开放型经济新体制，推动形成全面开放新格局，把海南打造成为我国面向太平洋和印度洋的

① 《中国（陕西）自由贸易试验区总体方案》（2017年3月31日）。

重要对外开放门户（见图1-18）。[①]

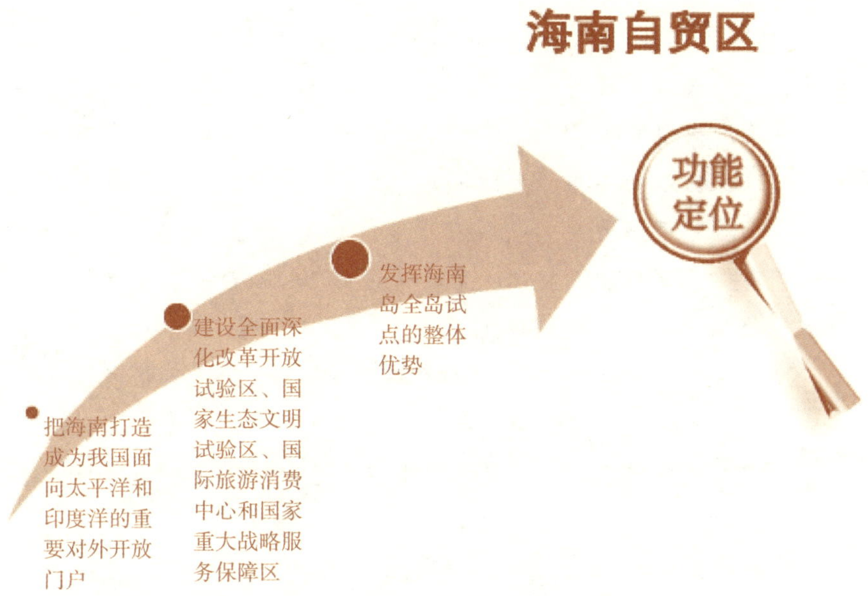

图1-18 海南自贸试验区的功能定位

视窗1-2

“自由贸易区”与“自由贸易园区”辨析

“自由贸易区”与“自由贸易园区”，由于中文名称相似，在现实中经常会造成理解和概念上的混乱。

“自由贸易区”（free trade area，FTA）源于WTO有关“自由贸易区”的规定，是指两个以上的主权国家或单独关税区通过签署协定，在世界贸易组织最惠国待遇基础上，相互进一步开放市场，分阶段取消绝大部分货物的关税和非关税壁垒，改善服务和投资的市场准入条件，从而形成的实现贸易和投资自由化的特定区域。目前，世界

① 《中国（海南）自由贸易试验区总体方案》（2018年10月16日）。

上已有欧盟、北美自由贸易区等FTA，中国-东盟自由贸易区也是典型的FTA。

“自由贸易园区”（free trade zone，FTZ）来源于世界海关组织的前身——海关合作理事会所解释的“自由区”。自由区（free zone）是指缔约方境内的一部分，进入这一部分的任何货物，就进口税费而言，通常视为在关境之外，并免于实施通常的海关监管措施。自由贸易园区可理解为在某一国家（地区）境内设立的在货物监管、外汇管理、税收政策、企业设立等领域实行特殊经济管理体制和特殊政策的特定区域。它是关境内的一小块区域，是单个主权国家（地区）的行为，一般需要进行围网隔离，且对境外入区货物的关税实施免税或保税。目前许多国家在境内单独建立的自由港、自由贸易区都属于这种类型。德国汉堡自由港、巴拿马科隆自由贸易区等是典型的FTZ。

由于FTA和FTZ按其字面意思均可译为“自由贸易区”，故常常引起概念混淆。为避免误解，一般将前者统一译为“自由贸易区”，后者译为“自由贸易园区”。目前，中国在建自贸区（FTA）18个，涉及31个国家和地区，包括中韩自贸区、中澳自贸区等。相比而言，上海自贸区、天津自贸区、福建自贸区、广东自贸区（FTZ）等是从自己领土中开辟出来，面向全球开放，而不是只针对签署自贸协定的国家和地区。

2

职能转变篇

2.1 自由贸易试验区的管理体制与工作机制[①]

2.1.1 上海自由贸易试验区的管理体制与工作机制

上海市成立自贸试验区推进工作领导小组，下设推进工作领导小组办公室，领导小组办公室设在市发改委，负责牵头与国家及市相关部门沟通协调，拟订相关规则、计划，负责全市范围自贸试验区经验复制推广工作，跟踪推进重点工作。

中国（上海）自由贸易试验区管理委员会为市人民政府派出机构，具体落实自贸试验区改革试点任务，统筹管理和协调自贸试验区有关行政事务。管委会负责研究提出并组织实施自贸试验区发展规划和政策措施，制定自贸试验区有关行政管理制度。[②]

2015年4月，上海自贸试验区扩区后，上海浦东新区政府与自贸试验区管委会合署办公，承担统一管理自贸试验区各功能区域、推进浦东新区全区落实自贸试验区改革试点任务的主要职责。

自贸试验区管委会下设5个区域局：保税区管理局、陆家嘴管理局、金桥管理局、张江管理局、世博管理局（见图2-1）。

自贸试验区管委会内设3个职能局：综合协调局、政策研究局、对外联络局，承担自贸试验区改革推进、政策协调、制度创新研究、宣传接待、统计评估等职能（见图2-1）。

2.1.2 广东自由贸易试验区的管理体制与工作机制

广东省人民政府成立中国（广东）自由贸易试验区工作领导小组，负责统筹研究自贸试验区政策、发展规划，研究决定自贸试验区发展的

① 此部分仅以上海、广东、天津、福建自贸试验区为例。
② 《中国（上海）自由贸易试验区条例》（2014年7月25日）。

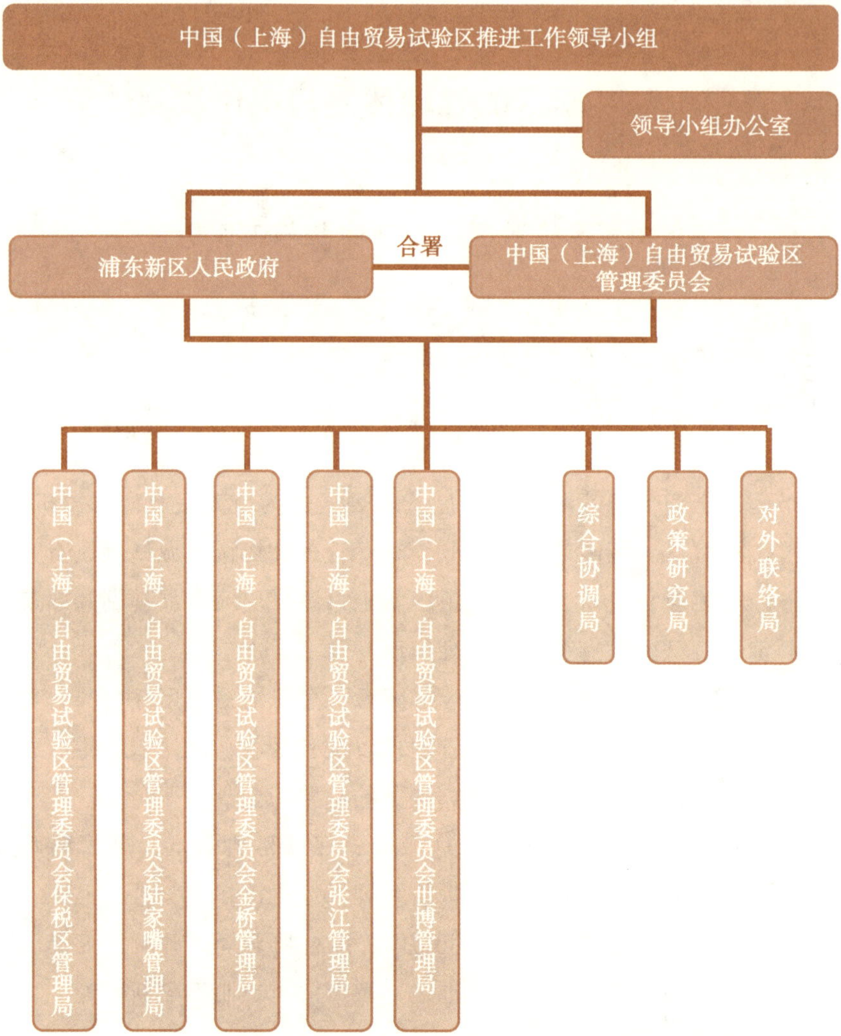

图2-1　中国（上海）自由贸易试验区组织架构图

重大问题，统筹指导改革试点任务。

中国（广东）自由贸易试验区工作办公室承担领导小组日常工作，下设综合信息处、政策法规处和协调指导处，负责贯彻执行国家有关自由贸易试验区建设的方针、政策、法规和制度，拟订自由贸易试验区的管理法规、规章和规范性文件；研究、推动出台自由贸易试验区综合改革、投资、贸易、金融、人才等政策并指导实施；具体协调国家、省相关部门和港澳及各片区自由贸易试验区的事务；统计发布自由贸易试验区的公共信息（见图2-2）。

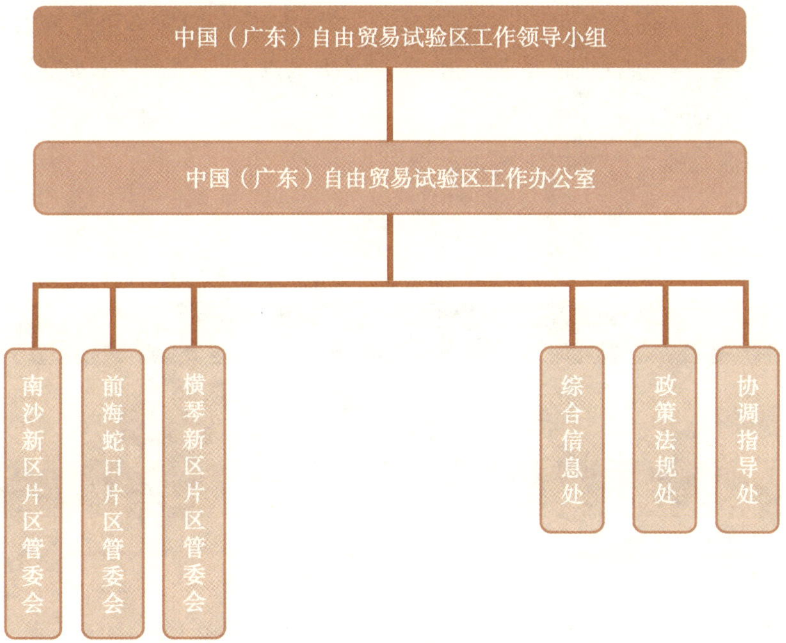

图2-2　中国（广东）自由贸易试验区组织架构图

南沙新区、前海蛇口、横琴新区这3个自贸试验区片区根据精简高效、机制灵活的原则设置管委会，即南沙新区片区管委会、前海蛇口片区管委会、横琴新区片区管委会（见图2-2）。管委会负责决定片区发展的重大问题，统筹推进片区改革试点工作和承担片区的规划、建设、管理与服务等具体事务。①

① 《中国（广东）自由贸易试验区总体方案》（2015年4月20日）。

2.1.3 天津自由贸易试验区的管理体制与工作机制

天津市人民政府成立中国（天津）自由贸易试验区推进工作领导小组，负责领导自贸试验区整体改革工作，研究决定自贸试验区改革的重大事项。领导小组办公室设在市商务委员会，承担领导小组日常工作。

中国（天津）自由贸易试验区管理委员会负责推动落实自贸试验区总体方案，研究各项改革创新措施，解决难点和问题，发布重要信息。天津自贸试验区管委会内设“一室三局”，即办公室、综合改革局、综合协调局和综合监管局，负责处理日常事务、制定政策措施、综合协调和法律事务（见图2-3）。

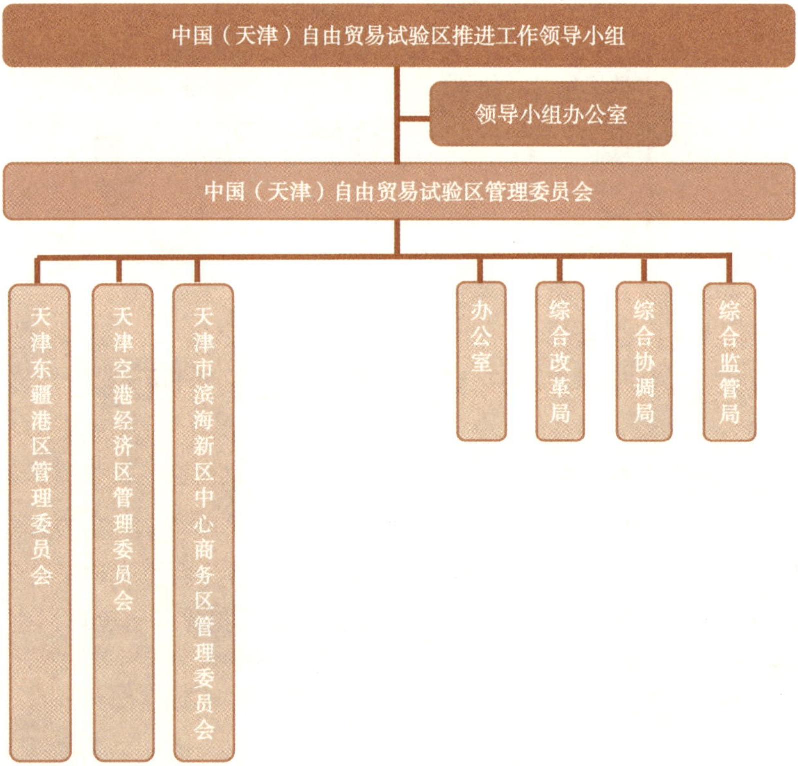

图2-3 中国（天津）自由贸易试验区组织架构图

天津自贸试验区管委会设立3个派出机构，加挂自贸试验区片区办事处牌子：天津东疆港区管理委员会（天津东疆保税港区管理委员会）、天津空港经济区管理委员会（天津港保税区管理委员会）和天津市滨海新区中心商务区管理委员会，具体行使对自贸试验区相应片区的行政管理职能，承担相应的管理责任（见图2-3）。①

2.1.4 福建自由贸易试验区的管理体制与工作机制

福建省人民政府成立中国（福建）自由贸易试验区工作领导小组，负责统筹协调自贸试验区建设发展工作。领导小组办公室设在省商务厅，由福建省商务厅承担领导小组办公室的日常工作。

领导小组办公室内设政策研究处和综合协调处，承担自贸区工作领导小组办公室日常工作（见图2-4）。政策研究处负责制定规划、政策措施并推动落实，指导各片区制定、落实行政管理制度，审核转报工作；综合协调处负责协调推进任务落实、安全审查、反垄断审查等有关工作，指导各片区制定、落实行政管理制度。

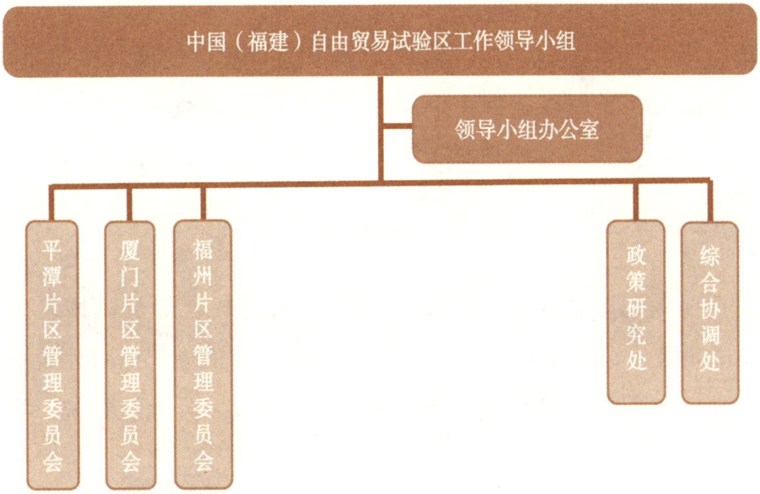

图2-4 中国（福建）自由贸易试验区组织架构图

① 《中国（天津）自由贸易试验区总体方案》（2015年4月20日）。

领导小组办公室下设3个片区管理委员会，即平潭片区管理委员会、厦门片区管理委员会、福州片区管理委员会，作为福建省人民政府的派出机构，由各市人民政府管理，负责落实规划政策、制定行政管理制度、统筹产业布局和重大项目建设（见图2-4）。①

2.2　放宽市场准入的现代商事登记制度

2.2.1　企业登记制度改革

1.注册资本认缴登记制

除法律、行政法规对公司注册资本实缴另有规定的企业之外，自贸试验区内其他企业实行注册资本认缴登记制。

2.“先照后证”登记制

除法律、行政法规、国务院决定规定的企业登记前置许可事项外，自贸试验区内企业向登记机关申请登记、取得营业执照后即具有市场主体资格，可从事一般生产经营活动。②

3.“三证合一”“一照一码”登记制

将企业登记时依次申请，分别由原工商行政管理部门核发营业执照、原质量技术监督部门核发组织机构代码证、税务部门核发税务登记证，改成由市场监督管理部门核发一个加载法人和其他组织统一社会信

① 《中国（福建）自由贸易试验区总体方案》（2015年4月20日）。
② 《中国（上海）自由贸易试验区试行新的营业执照方案》（2013年9月26日）。

用代码的营业执照，即“一照一码”登记模式（见图2-5）。①

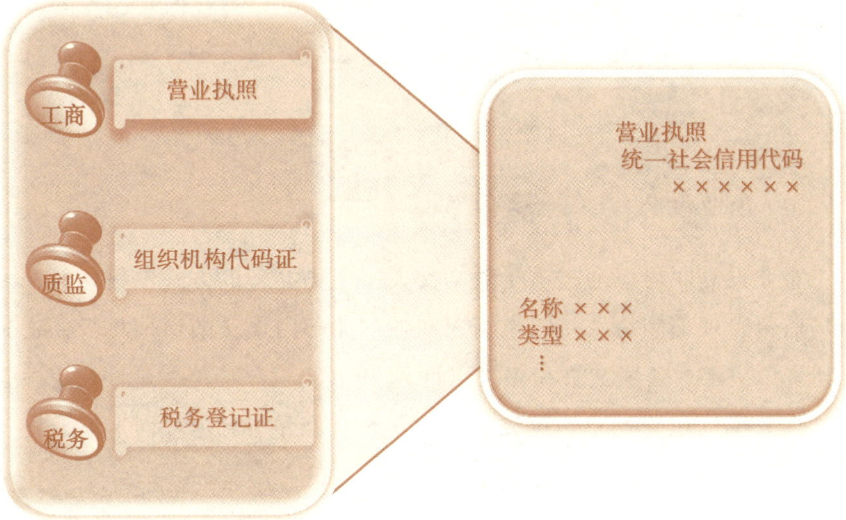

图2-5 “三证合一”“一照一码”登记制

2.2.2 “证照分离”改革

“证照分离”改革的第一阶段是解决“办证难”问题，主要措施包括三个方面：

一是取消部分行政审批，并建立相关管理制度；

二是简化审批，实行告知承诺制，提高审批的透明度和可预期性，并建立相关管理制度；

三是对涉及公共安全等特定活动，加强市场准入管理，并建立相关管理制度。

“证照分离”改革下一步是构建主体资格与经营资格分离的现代商事登记制度（见图2-6）。

① 《国务院办公厅关于加快推进“三证合一”登记制度改革的意见》（国办发〔2015〕50号）（2015年6月29日）。

图2-6 "证照分离"改革

2.2.3 企业准入"单一窗口"

企业设立时可以通过电子数据交换或现场办理的方式申报材料，由市场监督管理部门统一接收申请人向各职能部门提交的申请材料，统一送达许可决定、备案文书和相关证照。"单一窗口"功能要延伸到统计登记、报关单位注册登记、行政许可证等方面，并实行全程网上电子化登记（见图2-7）。

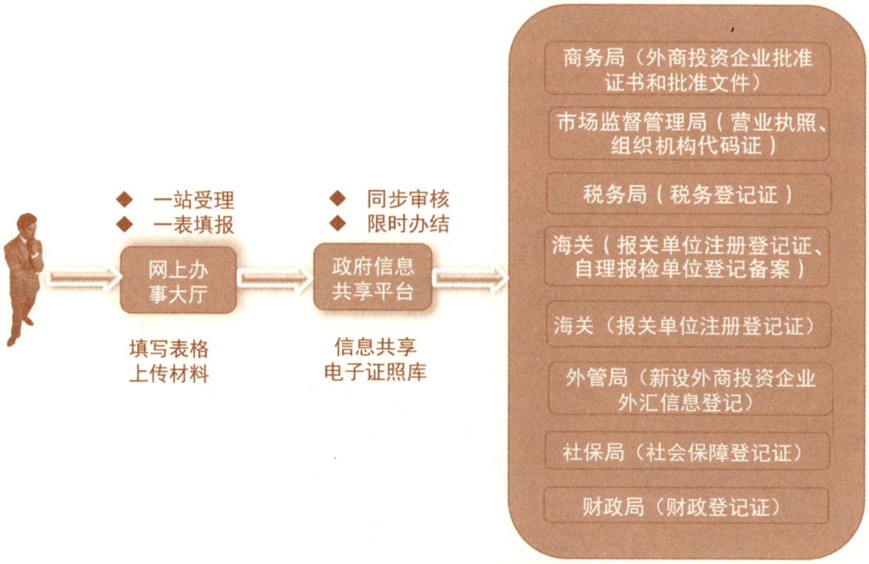

图2-7 企业准入"单一窗口"

2.3 优化管理服务的事中与事后监管制度

视窗2-1

事中与事后监管制度

我国长期实行的是准入审批核准制度，用“管制”的观念卡住市场准入端。而审批通过后，则缺乏事中、事后的过程监管制度和机制。事中与事后监管制度实现了政府职能的转变，即由事前审查转变为事中、事后的过程监管，政府职能由以控制和配置资源为主转变为以提供监管服务、维护市场秩序为主。

《中国（上海）自由贸易试验区总体方案》中主要任务的第一项就是加快转变政府职能，明确要推进政府管理由注重事先审批转为注重事中、事后监管。为操作这一制度，上海自贸试验区在全国率先构建了比较完善的事中与事后监管制度，具体包括全社会信用体系、企业年度报告公示制度、企业经营异常名录制度、监管信息共享制度、综合执法制度、社会力量参与市场监督（包括第三方采信）制度等，形成行政监管、行业自律、社会监督、公众参与的综合监管体系。

2.3.1 社会信用体系

建立自贸试验区公共信用信息服务平台（省、市公共信用信息服务平台试验区子平台），编制自贸试验区公共信用信息目录（数据清单）、应用清单及行为清单，健全自贸试验区管理和活动中行政相对人诚信承诺制度。管理部门、驻区机构在市场准入、货物通关、财政资金使用、政府采购、监管服务、政府扶持、服务外包以及招投标等环节主动采信专业信用服务机构的信用产品（见图2-8）。

图2-8　社会信用体系的构建和功能

国家企业信用信息公示系统首页

2.3.2　信息公开制度及信息共享和服务平台

提高行政透明度，主动公开自贸试验区相关政策内容、管理规定、办事程序等信息，方便市场主体查询。建设以大数据中心和信息交换枢纽为主要功能的信息共享和服务平台，实现各领域监管信息实时传递和无障碍交换。

2.3.3 企业年度报告公示制度

制定企业年度报告公示制度的实施办法。企业按年度在规定期限内，通过市场主体信用信息公示系统向市场监督管理部门报送年度报告，并向社会公示（见图2-9）。市场监督管理部门负责对企业年度报告的公示内容及企业公示信息的真实性和及时性进行监督。①

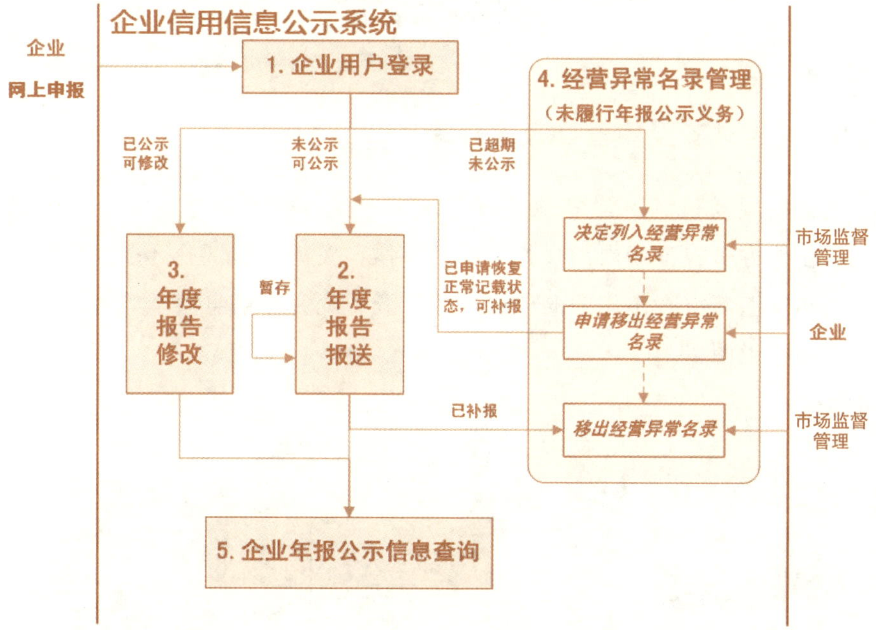

图2-9 北京市原工商行政管理局昌平分局企业年度报告公示流程

① 《中国（上海）自由贸易试验区企业年度报告公示办法（试行）》（2014年3月3日）。

2.3.4 企业经营异常名录制度

市场监督管理部门将企业未在规定期限内公示年度报告或通过经营场所无法与企业取得联系的情况汇集成名录，通过门户网站的企业信用信息公示系统向社会予以公示。①

中国（上海）自由贸易试验区企业经营异常名录

2.3.5 国家安全审查和反垄断审查工作机制

自由贸易试验区建立地方参与国家安全审查和反垄断审查工作机制。在地方事权范围内加强相关部门协作，发挥自贸试验区在国家安全审查和反垄断审查工作中的建议申报、调查配合、信息共享等方面的协助作用（见图2-10）。

图2-10 自贸试验区参与国家安全审查和反垄断审查工作机制

① 《中国（上海）自由贸易试验区企业经营异常名录管理办法（试行）》（2014年3月3日）。

2.3.6 以市场主体首负责任为机制的综合监管制度

依靠市场机制约束市场主体的经营行为，促使市场主体在安全生产、质量管理、营销宣传、售后服务、信息公示等方面加强自我监督，履行法定义务。政府通过扶持引导、购买服务、制定标准等制度安排，构建市场主体自治、行业自律、社会监督、政府监管的社会多元共治综合监管制度（见图2-11）。

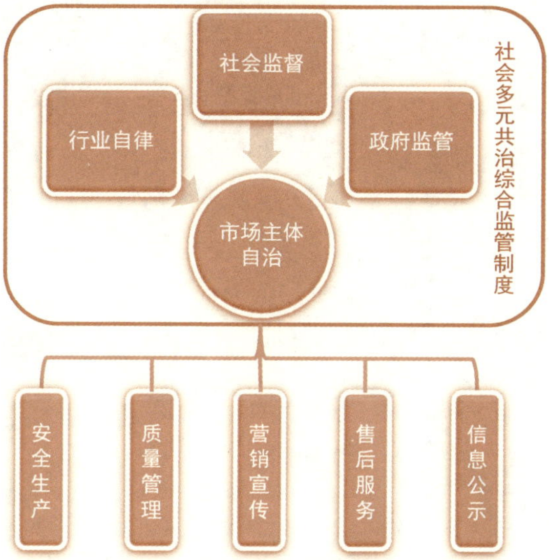

图2-11 以市场主体首负责任为机制的综合监管制度

2.3.7 市场监督综合执法体系

自由贸易试验区管委会与驻区机构、有关部门建立合作协调和联动执法的工作机制，实现区域职能部门情况互通、信息共享、工作共商、联动联勤、行刑衔接、联合惩戒，提高综合监管水平和效率（见图2-12）。

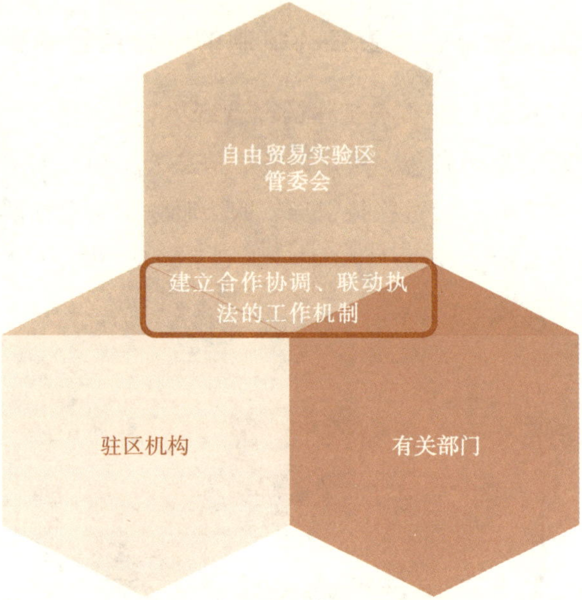

图2-12　市场监督综合执法体系

3

投资开放篇

3.1 外商投资负面清单管理模式

3.1.1 "准入前国民待遇+负面清单"管理模式

准入前国民待遇是指在负面清单之外的领域，外商在投资准入阶段享受与国内企业平等的制度、政策待遇。负面清单是指外商投资准入特别管理措施的一份清单。在负面清单范围之外，外商投资由审批改为备案管理（见图3-1）。[①]

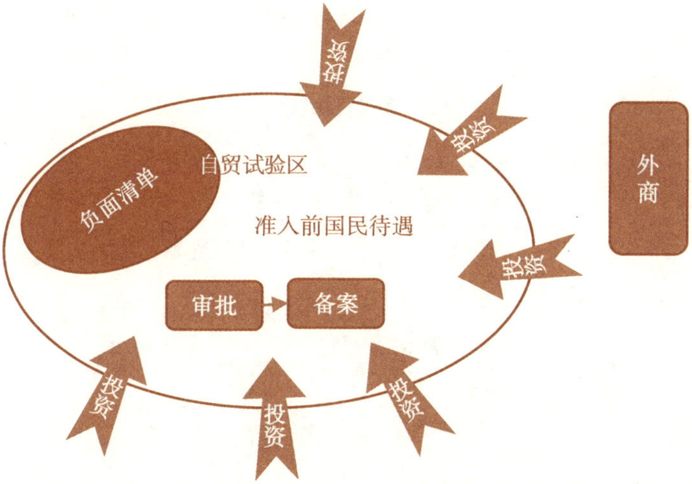

图3-1 对外商投资实行"准入前国民待遇+负面清单"管理模式

① 《自由贸易试验区外商投资准入特别管理措施（负面清单）》（2018年版）。

视窗 3-1

准入前国民待遇

在国际投资法中，国民待遇是一项以条约为基础的义务，其含义是给予外国投资者及投资的待遇不低于在相似情形下给予本国投资者及投资的待遇。各国际投资协定在国民待遇的范围、适用方面存在较大差异。

准入前国民待遇适用于投资建立之前，它将平等待遇扩大到准入权，并在国家监管和税收待遇等方面给予法律上和实质上的同等待遇。准入前国民待遇是传统投资协定采取的控制模式与开放投资体制中的自由模式最重要的差别。准入前国民待遇将国民待遇延伸至投资发生和建立前阶段，其核心是给予外资准入权。

视窗 3-2

负面清单

所谓负面清单（negative list），相当于投资领域的“黑名单”，以清单的形式公开列明了企业不能投资的领域和产业。负面清单多以保留条款、例外条款以及不符措施等形式出现在双边或多边贸易协定的附件中。其通常是指一个国家在自由贸易协定中，针对某些与最惠国待遇、国民待遇不符的管理措施，以及在业绩要求、高管要求等方面的管理限制措施。

与负面清单相对应的是正面清单（positive list），即列明了企业可以进行哪些领域的投资。

负面清单是排除法，列出了你不能做什么。正面清单是列举法，列出了你能做什么。与正面清单相比，负面清单最大的特色体现为“法无禁止即可为”的理念，在负面清单之外的领域和产业，外商直接投资采用备案制管理，这在很大程度上方便了外商直接投资。

我国对外资管理一直采用的是《外商投资产业指导目录》模式，即正面清单，规定“能做什么”。中国（上海）自由贸易试验区率先试验外商投资准入负面清单管理模式。

2018年6月30日，国家发改委和商务部发布了《自由贸易试验区外商投资准入特别管理措施（负面清单）（2018年版）》，以清单方式明确列出在中华人民共和国境内禁止和限制投资经营的行业、领域、业务等，各级政府依法采取相应管理措施的一系列制度安排。这类负面清单是适用于境内外投资者的一致性管理措施，是对各类市场主体市场准入管理的统一要求。

3.1.2 负面清单管理模式

负面清单管理模式除了负面清单的文本，与之配套的是外商投资项目核准（备案）制度，即外商投资企业合同章程由审批改为备案管理，以及企业设立（变更）"一表申请，一口受理"工作机制；同时，实施政务公开，管理规则和流程等信息公开透明，按照国际化、法治化标准实施市场准入管理。从治理体系层面考察，负面清单管理模式确立了公开透明、法制规范、有限管理的治理理念，保证有效竞争和社会公正（见图3-2）。

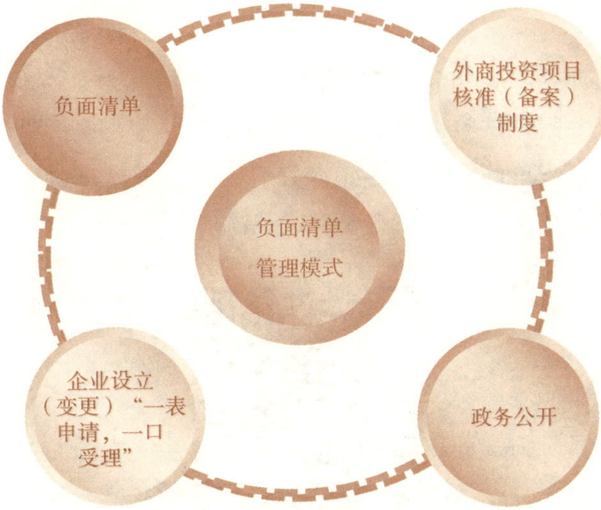

图3-2 负面清单管理模式

3.1.3 2018年版外商投资负面清单

《自由贸易试验区外商投资准入特别管理措施（负面清单）（2018年版）》，自2018年7月30日起施行，适用于所有自由贸易试验区。

2018年版自由贸易试验区负面清单，充分发挥自由贸易试验区“试验田”作用，在对外开放方面继续先行先试，探索更高水平的对外开放，为更大范围扩大开放、完善负面清单管理制度积累可复制可推广经验。

2018年版自由贸易试验区负面清单，在全国负面清单开放措施基础上，在更多领域试点取消或放宽外资准入限制：

（1）在农业领域，将小麦、玉米新品种选育和种子生产外资股比由不超过49%放宽至不超过66%。

（2）在采矿领域，取消石油、天然气勘探、开发限于合资、合作的限制，取消禁止投资放射性矿产冶炼加工与核燃料生产的规定。

（3）在文化领域，取消演出经纪机构的外资股比限制，将文艺表演团体由禁止投资放宽至中方控股。

（4）在增值电信领域，将上海自由贸易试验区原有28.8平方公里区域试点的开放措施推广到所有自由贸易试验区。

同时，参照国际标准，2018年版自由贸易试验区负面清单主要列示股比和高管要求，实现了与全国负面清单可比对。为保持延续性，2018年版自由贸易试验区负面清单在部分条目后，用括号标注了来自2017年版负面清单的有关内容。修订后，自由贸易试验区负面清单由2017年版95条措施减至2018年版45条措施。

2018年版自由贸易试验区负面清单

3.2 对外投资服务促进体系

3.2.1 境外投资备案管理

自贸试验区内企业开展境外投资实行备案制。根据备案管理办法，除敏感国家、地区和敏感行业外，相关部门在收到申请材料起3～5个工作日内完成备案手续（见图3-3）。

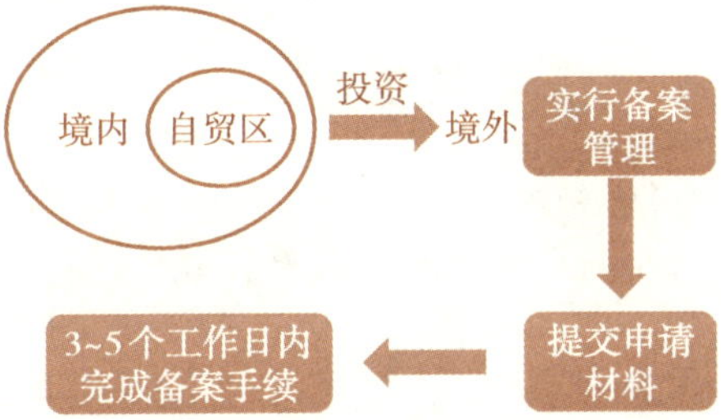

图3-3 自贸试验区内企业开展境外投资实行备案制

3.2.2 境外投资服务平台

自贸试验区境外投资服务平台涵盖综合资讯、境外投资备案、投资项目推荐、投资地介绍、行业分析、境外投资专业服务等功能。投资服务平台帮助用户科学合理地规划投资方案和决策方案，加快境外投资便利化，支持企业参与国际竞争与合作。

自贸试验区境外投资服务平台首页

3.3 服务业扩大开放

3.3.1 服务业扩大开放的类别

自贸试验区服务业扩大开放领域和类别由外商投资负面清单以及国务院发布的相关产业准入措施（正面清单）调整规范，一般应聚焦于现代服务业和服务贸易领域（见图 3-4）。

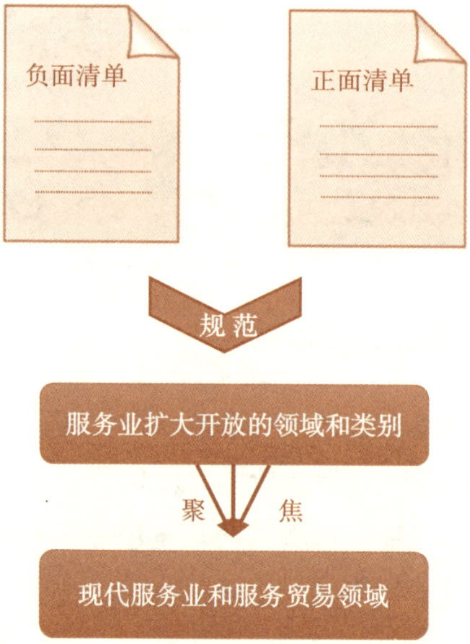

图 3-4 服务业扩大开放的领域和类别

3.3.2 服务业扩大开放的措施

服务业扩大开放的措施既要突出各地自贸试验区的主导产业，又要有利于新的功能培育及新的产业链形成，促进服务业转型升级，完善服务业发展制度环境（见图 3-5）。

图 3-5　服务业扩大开放的措施

3.4　制造业扩大开放

3.4.1　制造业扩大开放的类别

自贸试验区制造业扩大开放的领域和类别基本由外商投资负面清单规范。各地自贸试验区也可根据自身的特殊发展需要，向国务院申请一些行业类别的准入措施调整（见图 3-6）。

3.4.2　制造业扩大开放的措施

落实“中国制造 2025”战略，推进信息技术与制造技术深度融合，发展基于工业互联网的新型制造模式，大力发展高端制造、智能制造，

图 3-6　制造业扩大开放的领域和类别

提升制造业的有效供给能力（见图 3-7）。

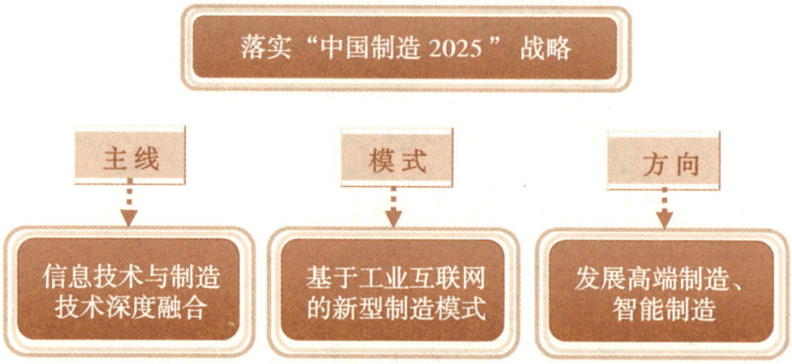

图 3-7　制造业扩大开放的措施

视窗 3-3

中国制造 2025

制造业是国民经济的主体，对一个国家的繁荣富强和国防安全至关重要。当前，全球出现以信息网络、智能制造、新能源和新材料为代表的新一轮技术创新浪潮。

2012年2月，美国总统执行办公室、国家科技委员会发布了《先进制造业国家战略计划》的研究报告，将促进先进制造业发展提高到了国家战略层面。

2013年年底，德国电气电子和信息技术协会发布了德国首个“工业4.0”标准化路线图，以加强德国作为技术经济强国的核心竞争力。

为应对全球新一轮科技革命和产业变革，进一步提升中国制造业的全球竞争力，2015年3月5日，李克强总理在全国两会上作《政府工作报告》时首次提出“中国制造2025”的宏伟计划。2015年5月8日，国务院正式印发《中国制造2025》。

《中国制造2025》是我国实施制造强国战略第一个十年的行动纲领。围绕实现制造强国的战略目标，《中国制造2025》明确了9项战略任务和重点：

一是提高国家制造业的创新能力；

二是推进信息化与工业化深度融合；

三是强化工业基础能力；

四是加强质量品牌建设；

五是全面推行绿色制造；

六是大力推动重点领域突破发展，聚焦新一代信息技术产业、高档数控机床及机器人、航空航天装备、海洋工程装备及高技术船舶、先进轨道交通装备、节能与新能源汽车、电力装备、农机装备、新材料、生物医药及高性能医疗器械等十大重点领域；

七是深入推进制造业结构调整；

八是积极发展服务型制造和生产性服务业；

九是提高制造业国际化发展水平。

3.5 国际产业园区的制度创新

3.5.1 理念创新

以制度创新为核心，为园区建设提供有效的制度供给条件，包括有效的产业规制、良好的营商环境、完备的知识产权保护制度、规范的法制保障和争端解决机制、高效率的公共服务体系等（见图3-8）。

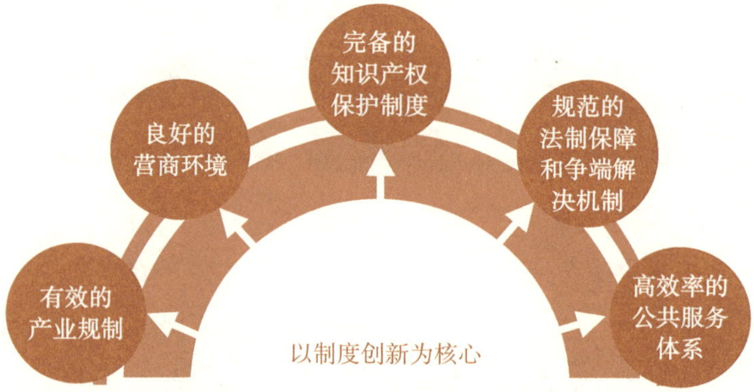

图3-8 国际产业园区的理念创新

3.5.2 路径创新

以构建市场准入及事中与事后监管制度为主线推进制度创新，形成市场-政府互相约束、激励相容的运行机制。

以企业需求为基点，围绕功能培育实施政策创新，培育新的产业链和价值链，促进产业转型升级（见图3-9）。

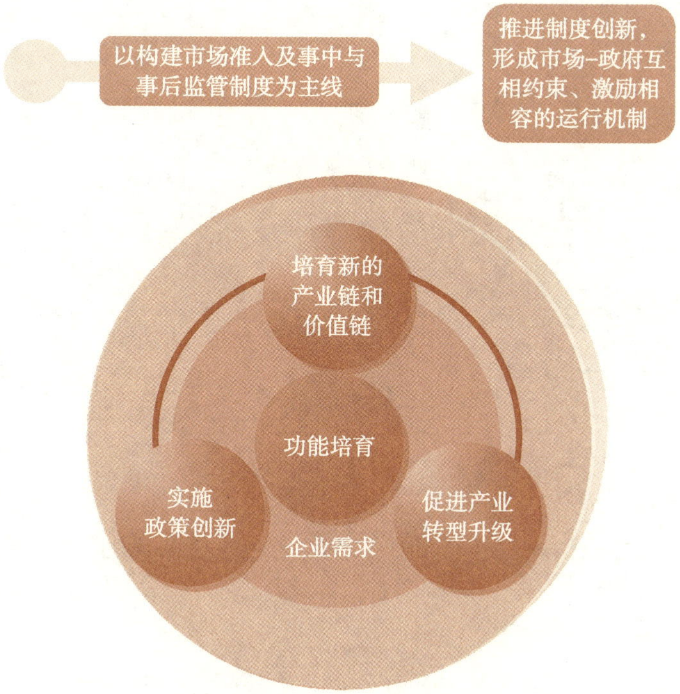

图3-9　国际产业园区的路径创新

3.5.3　商业模式创新

由产业经济商业模式转型为平台经济商业模式。构建大宗商品国际贸易平台、国际投资服务平台、服务贸易和技术贸易平台、电子商务公共服务平台、物流配送平台、政府和社会资本合作（PPP）平台、跨境融资服务平台，优化资源配置，促进结构调整，实现园区转型、提质、增效（见图3-10）。

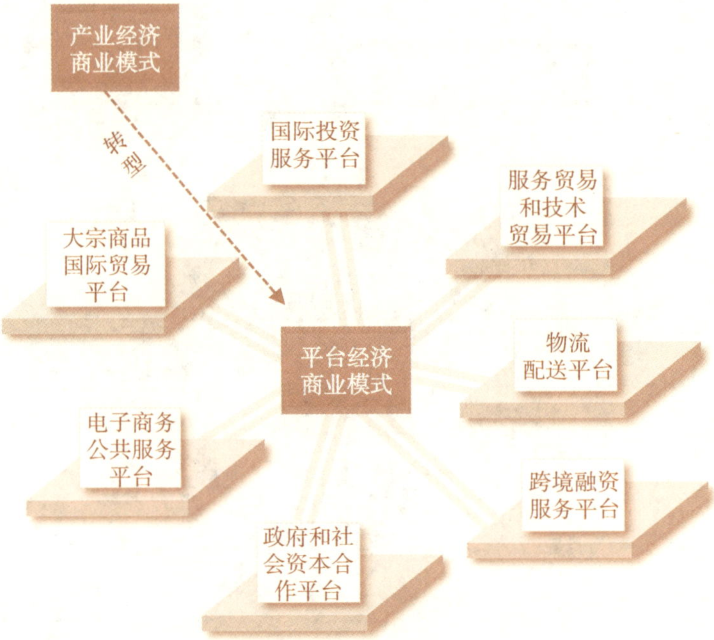

图 3-10　国际产业园区的商业模式创新

视窗 3-4

平台经济

平台经济（platform economy）原本是一种微观的商业模式，主要是指在网络经济时代，由一些支持买卖双方在网上寻觅商品或资源，并完成交易的平台企业及其经营活动所构成的一种新的经济现象。在宏观上，平台经济是指一个城市或区域具有汇集国内外贸易、金融、物流、信息交易活动的服务功能和集散功能，从而形成强大的国内外资源配置能力的经济功能特征和经济发展模式。

建立起商品和资金的流转交易平台是促使资源配置能力提升和形成平台经济模式的重要条件。在中国（上海）自由贸易试验区的试点方案中提出了“探索在试验区内设立国际大宗商品交易和资源配置平台，开展能源产品、基本工业原料和大宗农产品的国际贸易”

“深化国际贸易结算中心试点，拓展专用账户的服务贸易跨境收付和融资功能”等，都将有效地推动商品和资金流转交易平台的建立。因为国际大宗商品交易平台的建立和运营，不仅能使上海成为亚太地区国际大宗商品交易和流转的一个主要市场和节点，而且有可能对一些主要大宗商品的国际交易价格产生示范性影响。而国际贸易结算中心若能建立和运营，则能改变目前我国大量国际贸易由于金融环境的限制而不得不进行异地结算的问题。这将不仅能强化上海在国际贸易方面的功能和效应，而且可能成为世界各国在国际贸易中的一个重要结算平台，从而进一步提升上海在全球经济活动中的资源配置能力。

4

贸易监管篇

4.1 “一线放开、二线安全高效管住、区内自由流转”监管制度

4.1.1 一线放开

“一线放开”是指货物从境外进入自贸试验区内的海关特殊监管区域，允许区内企业凭进口舱单将货物直接提运入区，再凭进境货物备案清单向主管海关办理申报手续，即“先进区、后报关”；同时简化进出境备案清单，实行“进境检疫，适当放宽进出口检验”模式。①

4.1.2 二线安全高效管住

优化卡口管理，加强电子信息联网，促进二线监管模式与一线监管模式相衔接，加强监管；推行“方便进出，严密防范质量安全风险”的检验检疫监管模式。

4.1.3 区内自由流转

自贸试验区内企业可以使用经海关备案的车辆，在区内自行运输货物。推动自贸试验区内货物在各海关特殊监管区域之间和跨关区便捷流转（见图4-1）。根据政策在试验区内开展保税展示交易、境内外维修等业务。

① 海关总署关于印发《中国（上海）自由贸易试验区海关监管服务模式改革方案》的通知（特急署加函〔2014〕44号）;《上海海关关于在中国（上海）自由贸易试验区实行境外入区货物“先进区、后报关”作业模式的公告》（2016年第2号）。

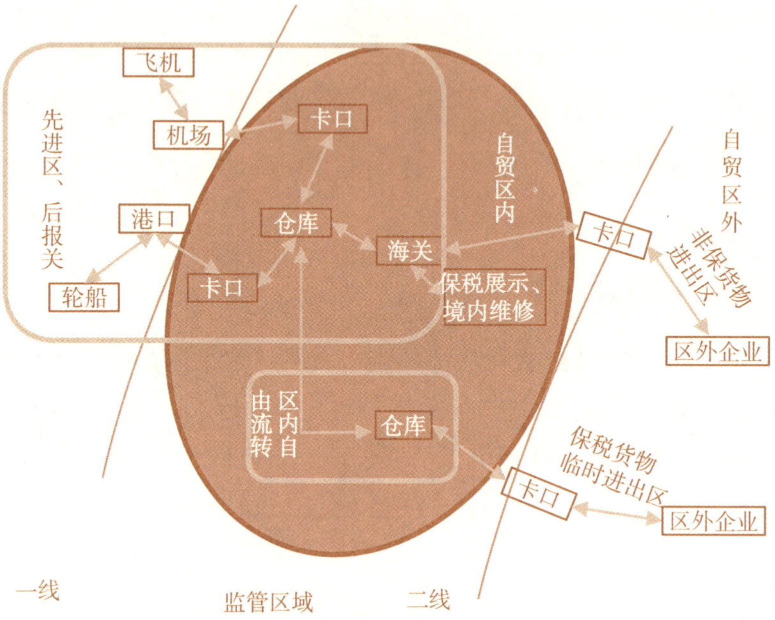

图4-1　自贸试验区内货物在各海关特殊监管区域之间和跨关区便捷流转

4.2　国际贸易“单一窗口”制度

4.2.1　国际贸易“单一窗口”的模式选择

国际贸易“单一窗口”是世界各国的自由贸易区贸易通关便利化的主要措施。WTO《贸易便利化协定》要求各成员建立单一窗口，使贸易商通过与主管机构的单一接入点提交进口、出口及过境的单据或数据。国际贸易“单一窗口”主要分为单一机构模式、单一系统模式、单一平台模式。单一平台模式以新加坡为典型，上海自贸试验区等即采用单一平台模式（见图4-2）。

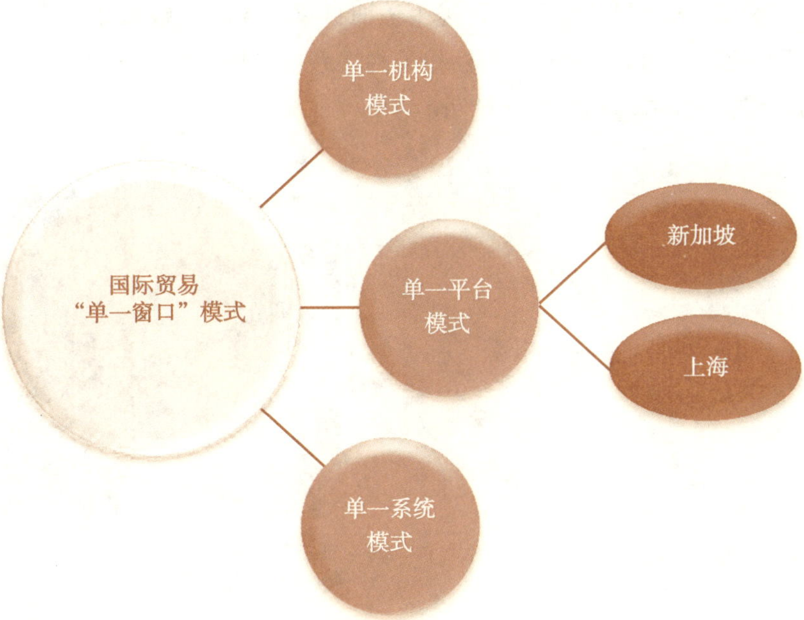

图4-2　国际贸易“单一窗口”模式

4.2.2　国际贸易“单一窗口”的运行

依托地方公共信息平台（电子口岸）和监管部门的信息系统，按照“一个平台，一次提交，结果反馈，数据共享”的理念，在口岸监管环节和国际贸易管理的各主要环节，实现贸易许可、支付结算、资质登记等平台功能，将涉及贸易监管的部门纳入“单一窗口”管理平台。第一期先覆盖进出关申报、运输工具申报、支付结算、企业资质、贸易许可信息查询等业务板块；后期逐渐完善功能，增加部分子菜单项。

4.2.3　国际贸易“单一窗口”的完善

功能完善，进一步延伸到国际贸易管理的各主要环节，涉及贸易监管的部门全部纳入管理平台，实现口岸监管通关环节全覆盖。

贸易及物流IT平台优化，除了接通自贸试验区全域的部门及业务，还要与全省（市）、全国、国外相关网络系统连接，实现电子舱单、电子清关等数据传输和交换（见图4-3）。

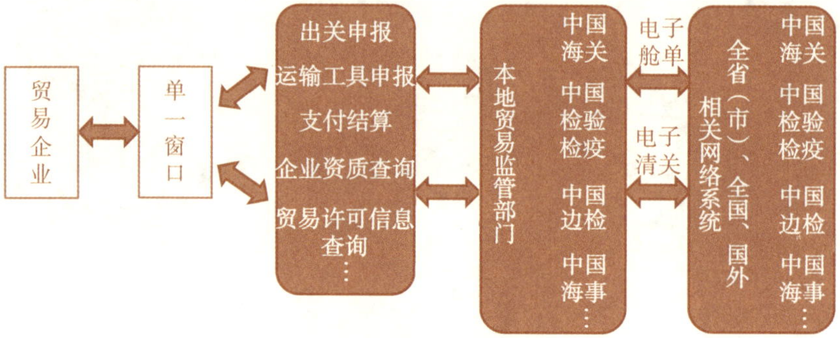

图4-3　国际贸易“单一窗口”的完善

4.3　货物状态分类监管制度

4.3.1　货物状态分类监管功能

货物状态分类监管是对传统贸易监管模式的创新，使国内生产的非保税货物、在自贸试验区内的保税货物以及在本地中转的口岸货物，在同一个平台上实施一体化监管。

货物状态分类监管的实施范围是自贸试验区范围内的海关特殊监管区域；业务类型是上述区域内的国内货物入区与区内其他货物集拼，面向国内配送或销售的业务。在区内注册的企业，拥有固定的仓储设施，非保税货物与保税货物实行分账册管理，具备与海关、税务部门监管系统联网的条件，均可申请加入监管平台。

4.3.2 货物状态分类监管模式

货物状态分为保税货物、口岸货物、国内货物。对保税货物、口岸货物按照现有模式管理。对国内货物实行“货物进出区不报关，进区不退税，出区不征进口税”的政策。与保税货物集拼出区或将保税料件加工成成品后出区，对保税货物（料件）部分计征进口环节税。海关部门对入区货物实施分类监管、分账核算、标识区分、联网监管、实货控制、风险可控、信息共享的监管模式（见图4-4）。

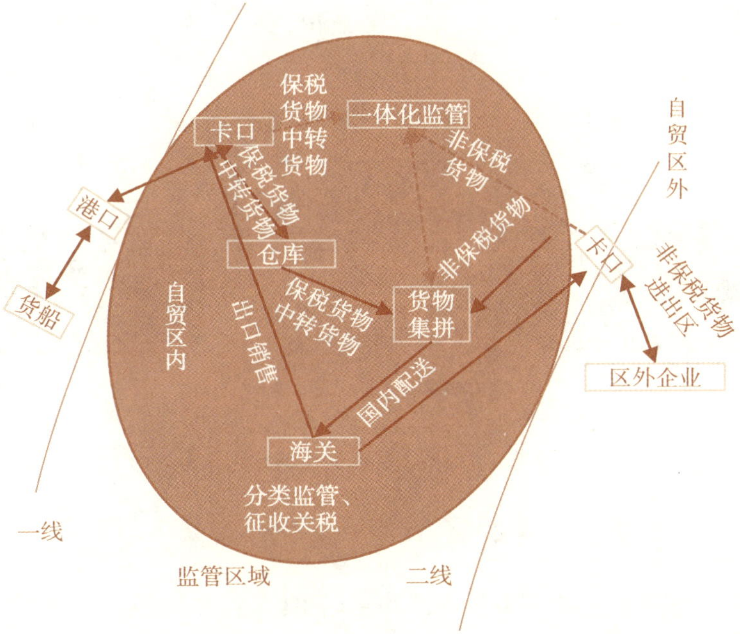

注：虚线为信息流；实线为货物流。

图4-4 自贸试验区货物状态分类监管模式

4.4 全球维修业务监管制度

4.4.1 全球维修业务的范围

全球维修业务是指自贸试验区内的企业对来自境内外的部件损坏、部分功能丧失或者有缺陷的货物进行检测、维修等经营活动。支持符合条件的区内企业开展高技术、高附加值、无污染的境内维修业务，推动加工制造业向研发及检测、维修等生产链高价值端延伸，促进加工贸易转型升级（见图4–5）。

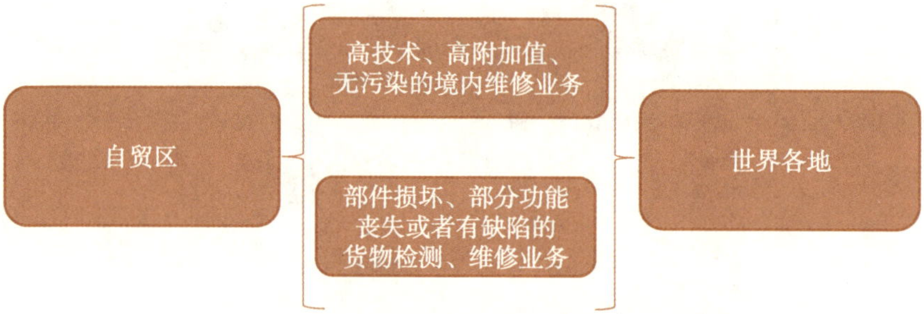

图4–5　自贸试验区的全球维修业务

4.4.2 全球维修业务的监管

境内外维修货物在申报进区和复运出区时，一般采用“保税维修”的监管方式进行申报。

（1）境外待维修货物从境外进区和复运出境时，均由区内企业申报进出境备案清单。

（2）境内待维修货物从境内入区时，区外企业申报出口报关单，对应的区内企业申报进境备案清单。

（3）来自境内的已维修货物复运回境内（区外）时，区外企业申报进口报关单，申报的价格为维修所耗用的保税料件和修理费的总和，征免规定为“照章”；对应的区内企业同时申报出境备案清单（见图4-6）。

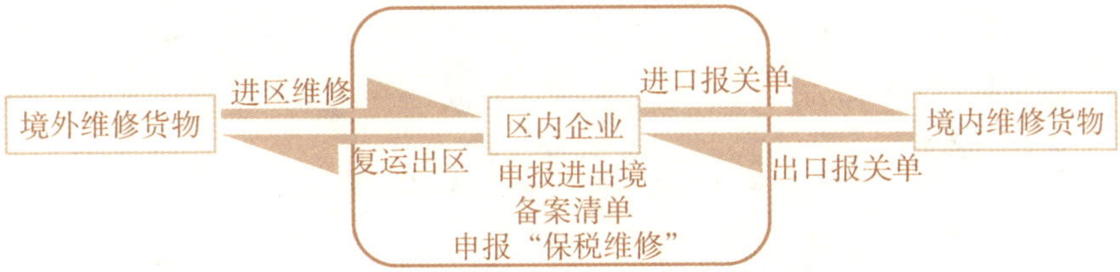

图4-6　自贸试验区的全球维修业务监管

4.5　保税展示交易监管制度

4.5.1　保税展示交易业态

经海关注册登记的自贸试验区内企业在试验区规划面积以内、围网以外的综合办公区专用的展示场所以及区外其他场所开展保税展示交易经营活动。海关允许商品在保税状态下出区进入展示平台。企业可按照经营需要进行物流配送，已销售货物在规定时限内进行集中申报并完税。

4.5.2　保税展示交易监管

在自贸试验区外或者区内指定场所开展保税展示交易，应当向海关提交足额税款担保。货物在出区展示期间发生内销的，应当办理进口征税手续，可以申请集中申报。货物出区展示期间转为免税品的，参照海关对免税商店及免税品监管办法办理海关手续（见图4-7）。

图4-7　自贸试验区保税展示交易监管

4.6　融资租赁业务监管制度

4.6.1　融资租赁制度的特点

融资租赁制度允许承租企业分期缴纳租金，海关对融资租赁货物按照审查确定的租金分期征收关税和增值税。同时，简化担保手续，允许符合条件的企业可以保证书方式提供担保（见图4-8）。

4.6.2　融资租赁监管

融资租赁货物自进境之日起至租赁结束办结海关手续之日止，接受海关监管。境内承租企业办理融资租赁货物进口担保，可以向主管海关申请办理相关手续。融资租赁企业需每个季度向主管海关报备融资租赁货物的租赁、租金支付等情况。境内承租企业需自融资租赁货物租期届满之日起30日内，按照相关规定向海关办理留购、续租等相关手续（见图4-9）。

图4-8　自贸试验区的融资租赁制度

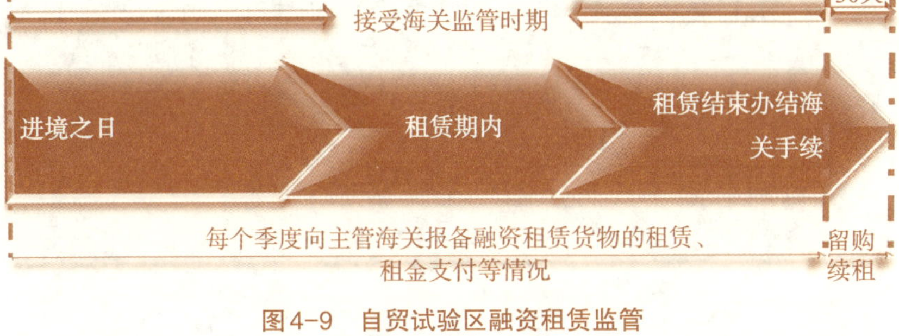

图4-9　自贸试验区融资租赁监管

5

金融创新篇

5.1 金融开放创新政策框架

5.1.1 中国人民银行关于金融支持自贸试验区建设的政策意见

中国人民银行根据各地自贸试验区总体方案中规定的发展目标及主要任务措施，发布相应的金融支持政策意见和具体措施（见图5–1）。

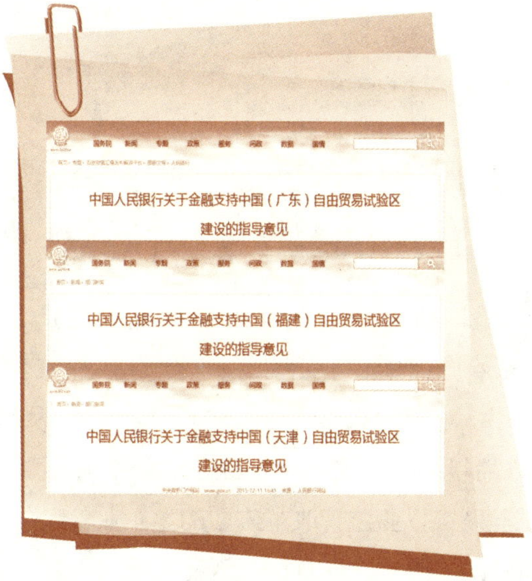

图5–1 中国人民银行关于金融支持自贸试验区建设的政策意见

5.1.2 中国银保监会、证监会关于支持自贸试验区建设的政策意见

中国银保监会、证监会根据各地自贸试验区总体方案中规定的发展目标及主要任务措施，发布相应的监管要求及政策措施（见图5–2）。

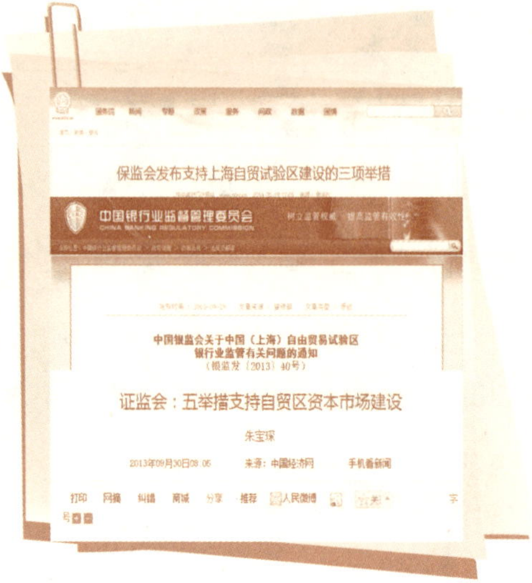

图5-2　中国银保监会、证监会关于支持自贸试验区建设的政策意见

5.1.3　复制推广上海自贸试验区金融开放创新项目

上海自贸试验区金融开放创新改革措施中的扩大人民币跨境使用、外汇管理改革方面的简化经常项下和直接投资项下跨境人民币结算业务流程、跨境双向人民币资金池、经常项下跨境人民币集中收付汇业务、取消境外融资租赁债权审批等14项已复制推广至全国。

上海自贸试验区银行业监管改革方面的离岸业务经营授权、区内银行业金融机构和高管准入简化、自贸试验区特色监测报表、自贸试验区业务风险评估指导意见4项细则在其他自贸试验区进行复制推广（见图5-3）。

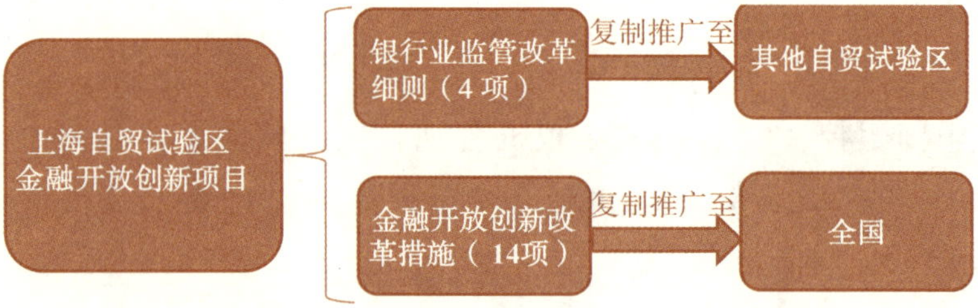

图5-3　上海自贸试验区金融开放创新项目的复制推广

5.2 自由贸易账户分账核算体系

5.2.1 自由贸易账户、分账核算业务与分账核算单元

1. 自由贸易账户

自由贸易（FT）账户是金融机构根据客户需要在自贸试验区分账核算单元开立的规则统一的本外币账户。自贸试验区内的机构自由贸易账户和境外的机构自由贸易账户合称为机构自由贸易账户；自贸试验区内的个人自由贸易账户和区内境外的个人自由贸易账户合称为个人自由贸易账户。

2. 分账核算业务

自贸试验区分账核算业务是指省（市）级金融机构根据中国人民银行的意见设立分账核算单元，通过自由贸易账户为自贸试验区内主体提供投融资等相关业务，以及按准入前国民待遇原则为境外机构提供相关金融服务。

3. 分账核算单元

自贸试验区分账核算单元是指省（市）级金融机构为开展自贸试验区分账核算业务，在省（市）一级机构内部建立的自由贸易专用账务核算单元（free trade accounting unit，FTU），并建立相应的机制，实现与金融机构其他业务分离核算。[①]

5.2.2 分账核算管理

省（市）级金融机构按照“标识分设，分账核算，独立出表，专项

① 《中国（上海）自由贸易试验区分账核算业务实施细则（试行）》（2014年5月21日）。

报告，自求平衡”的要求开展自贸试验区分账核算业务。

5.2.3 自由贸易账户管理

自由贸易账户可办理经常项下和直接投资项下的跨境资金结算。金融机构可以在自贸试验区分账核算单元中为符合条件的机构及个人开立相应的自由贸易账户。

金融机构应按中国人民银行有关规定报送自由贸易账户信息。自由贸易账户发生的国际收支应按国际收支统计申报要求进行申报，相关信息还应按规定报送外汇管理信息系统（见图5-4）。①

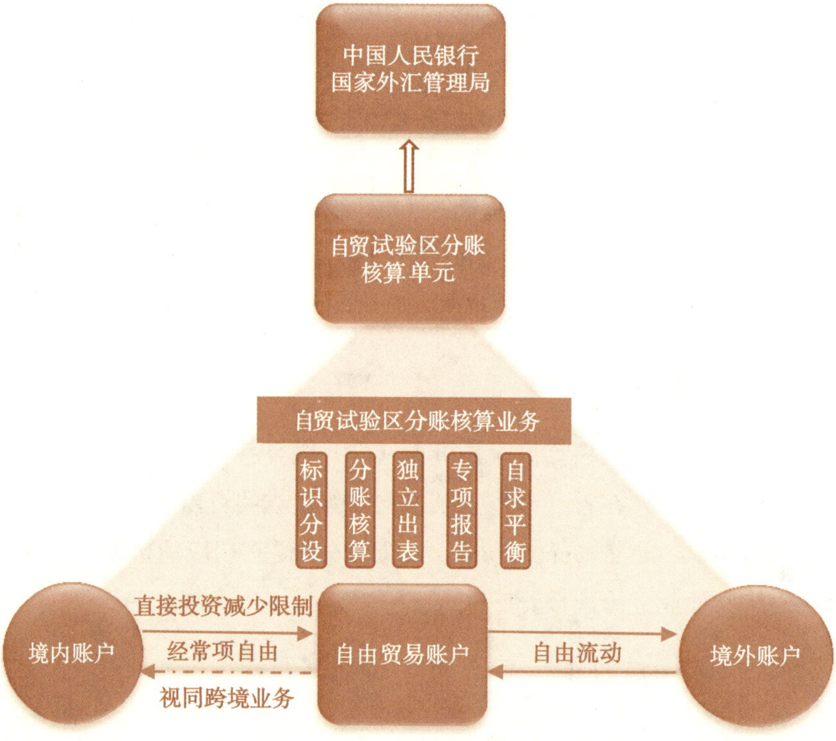

图5-4 自由贸易账户管理

① 《中国（上海）自由贸易试验区分账核算业务实施细则（试行）》（2014年5月21日）。

5.3 跨境资金流动监管体系

5.3.1 宏观审慎管理制度

宏观审慎管理（macro prudential management，MPM）对应于金融体系，主要目标是运用反周期策略和工具，防止金融泡沫扩大，维护金融稳定。中国人民银行于2016年起将差别准备金动态调整和合意贷款管理机制升级为宏观审慎评估（macro prudential assessment，MPA）体系，并建立了宏观审慎管理框架。各地自贸试验区可根据中国人民银行的指导性意见及金融开放创新的任务要求，借鉴中国人民银行上海总部印发的《中国（上海）自由贸易试验区分账核算业务境外融资与跨境资金流动宏观审慎管理实施细则（试行）》，建立健全宏观审慎管理制度（见图5-5）。

图5-5　宏观审慎管理制度的作用

视窗5-1

宏观审慎管理

宏观审慎管理是指以防范系统性金融风险为目标，以资本、拨备、杠杆率、贷款成数等审慎监管工具为手段，且以必要的治理架构为支撑的相关政策。

2007年以来的国际金融危机表明，低通货膨胀率和相对稳定的宏观经济尚不足以保障金融稳定，以保障单一机构稳健经营为目标的微观审慎管理也不足以防范系统性风险。加强宏观审慎管理，构建宏观审慎与微观审慎管理有机结合的金融监管框架，已成为共识，并成为国际金融危机后国际金融监管改革的重要内容。

中国人民银行从2009年开始研究并逐渐操作宏观审慎管理，如引入差别准备金动态调整机制，2016年起将差别准备金动态调整和合意贷款管理机制升级为宏观审慎评估体系。上海自贸试验区也于2015年推出自由贸易账户分账核算业务境外融资与跨境资金流动宏观审慎管理实施细则。

2019年2月，中国人民银行新设宏观审慎管理局。宏观审慎管理局的职能是：

(1) 牵头建立宏观审慎政策框架和基本制度，以及系统重要性金融机构评估、识别和处置机制。

(2) 牵头金融控股公司等金融集团和系统重要性金融机构基本规则拟订、监测分析、并表监管。

(3) 牵头外汇市场宏观审慎管理，研究、评估人民币汇率政策。

(4) 拟订并实施跨境人民币业务制度，推动人民币跨境及国际使用，实施跨境资金逆周期调节。

(5) 协调在岸、离岸人民币市场发展。

(6) 推动中央银行间货币合作，牵头提出人民币资本项目可兑换政策建议。

视窗5-2

宏观审慎评估体系

2015年12月29日，中国人民银行宣布从2016年起现有的差别准备金动态调整和合意贷款管理机制升级为宏观审慎评估体系。宏观审慎评估体系将重点考虑资本和杠杆情况、资产负债情况、流动性、定价行为、资产质量、外债风险、信贷政策执行等七大方面，通过综合评估加强逆周期调节和系统性金融风险防范。

宏观审慎评估体系更加灵活、有弹性，按每季度的数据进行事后评估，同时按月进行事中与事后监测和引导，在操作上更多地发挥了金融机构自身和自律机制的自我约束作用。

总体来看，该体系既借鉴国际经验，又考虑了我国利率市场化进程、结构调整任务重等现实情况，有利于促进金融改革和结构调整。

5.3.2 资本流动管理制度

资本流动管理（CFM）通常采用限制居民或非居民的资本交易或者限制这些交易相关的转移和支付等措施和工具，对跨境资金流动进行监管和管制。在自贸试验区，金融监管应该适应金融开放及资本自由流动的趋势，单一的资本管制已不适宜，应该将资本流动管理与宏观审慎管理进行有效组合（见图5-6）。

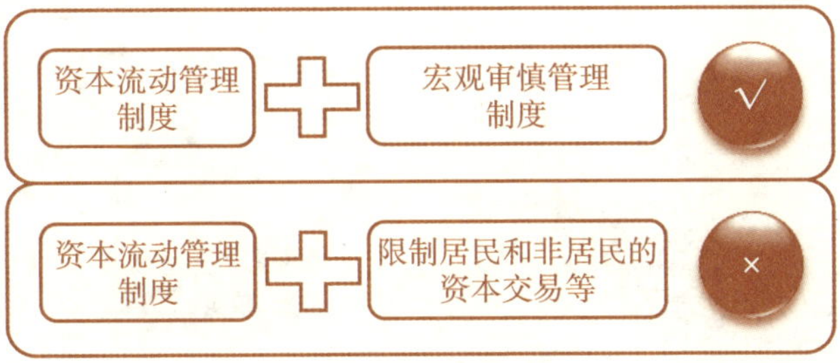

图5-6 资本流动管理与宏观审慎管理有效组合对资本管制更有效

5.4 外汇管理体制改革

5.4.1 促进贸易投资便利化的政策措施

简化经常项目收结汇、购付汇单证审核。简化直接投资外汇登记手续。放宽对外债权、债务管理。改进跨国公司总部外汇资金集中运营管理、外币资金池及国际贸易结算中心外汇管理试点政策。完善结售汇管理，便利银行开展面向自贸试验区内客户的大宗商品衍生品柜台交易。允许区内企业（不含金融机构）外债资金实行意愿结汇。便利融资租赁外汇管理，允许收取外币租金（见图5-7）。

图5-7 促进贸易投资便利化的政策措施

5.4.2 有效防范外汇收支风险

严格执行外汇管理数据信息报送制度。加强跨境资金流动监测，完善外汇收支预警指标体系，防止异常跨境资金流动（见图5-8）。

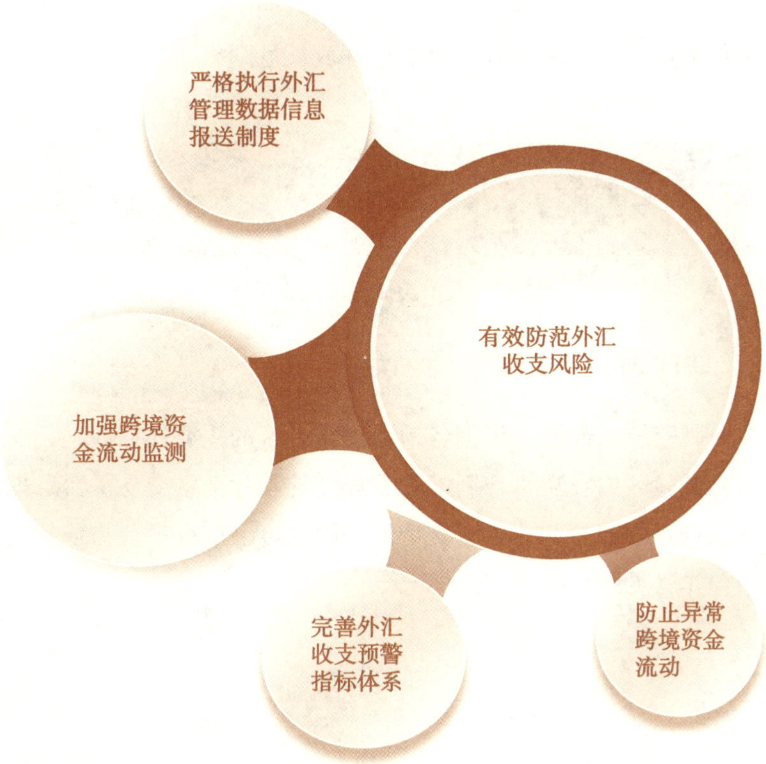

图5-8　有效防范外汇收支风险措施

5.5　扩大金融服务业开放

5.5.1　服务实体经济的金融体系

提升金融机构的国际化经营水平，鼓励金融机构完善境外分支机构网络，加强在支付与市场基础设施领域的国际合作，提升金融服务水平。推动金融资本和产业资本联合，探索建立境外股权资产的境内交易融资平台。拓展经常项下、直接投资项下跨境人民币流通渠道，发展经常项下跨境支付人民币结算。大力发展互联网金融。推动金融服务业对符合条件的民营资本和外资金融机构开放（见图5-9）。

图5-9　服务实体经济的金融体系

5.5.2　面向国际的金融市场平台

按照国家统一部署，根据各地自贸试验区的主要任务措施，支持金融机构在试验区内设立符合制度政策规定的国际金融交易平台，推出面向国际投资者的产品和业务，支持试验区内金融市场平台与境外资本市场联结合作（见图5-10）。

图5-10　面向国际的金融市场平台

6

法治保障篇

6.1 国家法律与法规调整

6.1.1 国家法律调整

全国人民代表大会常务委员会授权国务院在自贸试验区扩展区域暂时调整有关法律规定的行政审批（见图6-1）。[①]

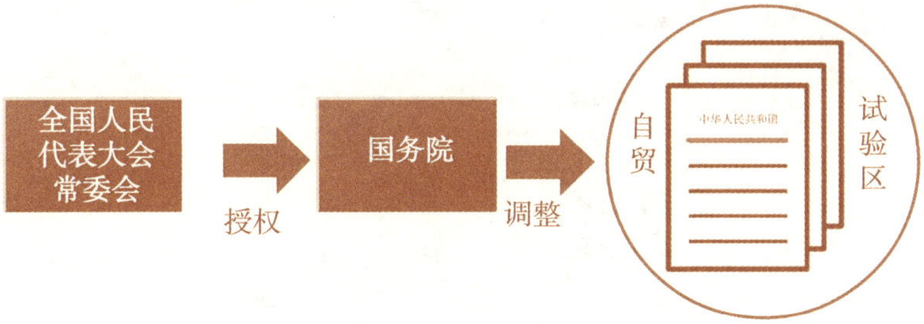

图6-1 国家法律调整

6.1.2 国务院法规调整

国务院发布关于在自贸试验区内暂时调整有关行政法规和国务院文件规定的行政审批、准入特别管理措施、国务院批准的部门规章规定的准入特别管理措施的决定。自贸试验区需要暂时调整实施其他有关行政法规、国务院文件和经国务院批准的部门规章的部分规定的，按规定程序办理。

国务院各部门要支持自贸试验区在扩大开放、深化改革方面的试点，应出台相关制度保障性政策措施（见图6-2）。

① 《全国人民代表大会常务委员会关于授权国务院在中国（广东）自由贸易试验区、中国（天津）自由贸易试验区、中国（福建）自由贸易试验区以及中国（上海）自由贸易试验区扩展区域暂时调整有关法律规定的行政审批的决定》（2014年12月28日）。

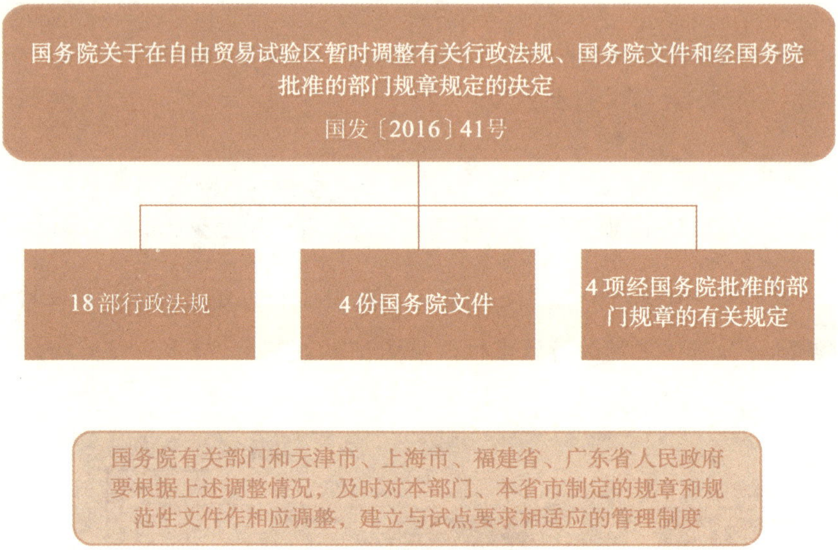

图6-2　国务院法规调整

6.2　地方性法规调整及立法

6.2.1　地方性法规调整

省（市）人民代表大会常务委员会通过关于在自贸试验区暂时调整实施本省（市）有关地方性法规的决定。凡国家法律、行政法规在自贸试验区调整实施有关内容的，有关地方性法规作相应调整实施；地方性法规中的规定，凡与国务院发布的自贸试验区总体方案不一致的，调整实施；对自贸试验区创新试点成熟的改革事项，通过规定程序，适时将规范性文件上升为地方性法规和规章。

6.2.2　地方立法

省（市）实施地方立法，由省（市）人民代表大会常务委员会通过《自由贸易试验区条例》，建立与试点要求相适应的自贸试验区管理制度。同时，制定自贸试验区管理机构事权决定，作为自贸试验区条例的配套规章。

6.3 司法保障制度

6.3.1 法律服务保障

建立自贸试验区综合法律服务窗口等司法保障和服务体系，准确适用法律、法规及有关法律、法规调整实施的决定。成立自贸试验区法庭，集中审理、专项审判与自贸试验区相关联的案件，培育和维护国际化、法制化的营商环境。检察机关应该制定涉自贸试验区刑事法律适用指导意见，提升自贸试验区的检察能级（见图6-3）。

图6-3 法律服务保障

6.3.2 非诉讼机制建设

建立自贸试验区诉讼与非诉讼相衔接的商事纠纷解决机制，包括专业调解机制和快速审裁机制。启动自贸试验区法律服务业开放，为试验区内企业及商事主体提供优质高效的法律服务（见图6-4）。

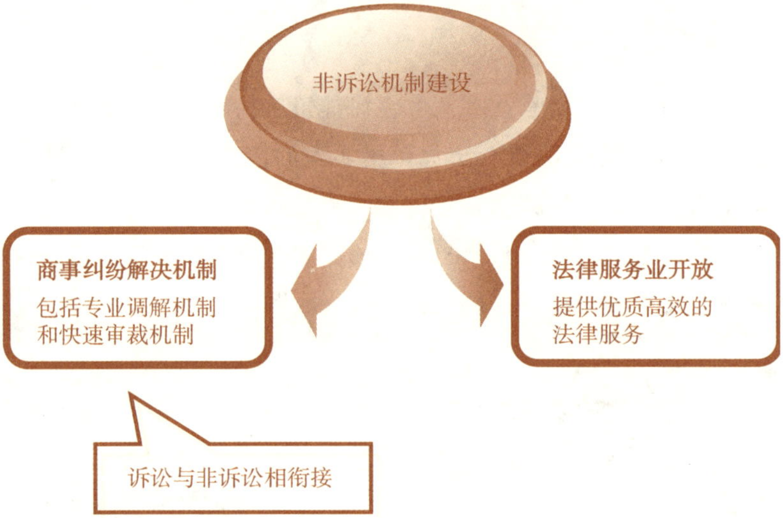

图6-4 非诉讼机制建设

视窗6-1

诉讼与非诉讼相衔接的商事纠纷解决机制

诉讼作为一种纠纷解决方式，具有最高的权威性。然而，面对当今世界的法治发展和“诉讼高潮”的到来，传统审判机制的诉讼负荷日益沉重，诉讼的高成本和审判的迟延成为世界性问题。非诉讼纠纷解决（alternative dispute resolution）机制是对诉讼以外的其他解决纠纷方式、程序、制度的总称。非诉讼纠纷解决机制主要包括和解、调解、行政裁决、仲裁等形式。

中国（上海）自由贸易试验区设立后，自贸试验区建设对司法保障提出新要求，特别是对快速妥善化解涉自贸试验区矛盾纠纷的要求更高。

2014年5月27日，上海市浦东新区人民法院自贸试验区诉讼与非诉讼相衔接的商事纠纷解决机制正式启动。上海市浦东新区人民法院在自贸区法庭内建立司法与非诉讼纠纷解决的对接平台，引入商事调解组织、行业协会、商会及其他具有调解职能的组织，建立自贸试验区商事纠纷特邀调解组织名册，对属于自贸区法庭受案范围的、适宜委托调解的涉自贸试验区的商事纠纷，经当事人同意、选择后，在立案前委派或者立案后委托调解组织先行调解，法院依照有关规定审查确认调解协议的法律效力。通过新的机制建设，为自贸试验区商事活动的参与者提供多元、灵活、经济的纠纷解决方式，在注重公平、公正的同时，实现涉自贸试验区商事纠纷处理的高效率。

6.4 权益保护制度

6.4.1 知识产权保护

设立自贸试验区知识产权局，统一负责专利、商标、版权的管理和执法工作，符合知识产权合一管理的国际规则。

建立知识产权纠纷多元解决机制，使诉讼、调解、仲裁、行政调处、商事调解等多种纠纷解决机制形成互补。建立政府监管、行业规范、中介服务、企业自律、公众参与的知识产权保护社会参与机制。在国家知识产权局的支持指导下，建立多地自贸试验区知识产权管理与保护联动机制和联席会议工作机制（见图6-5）。

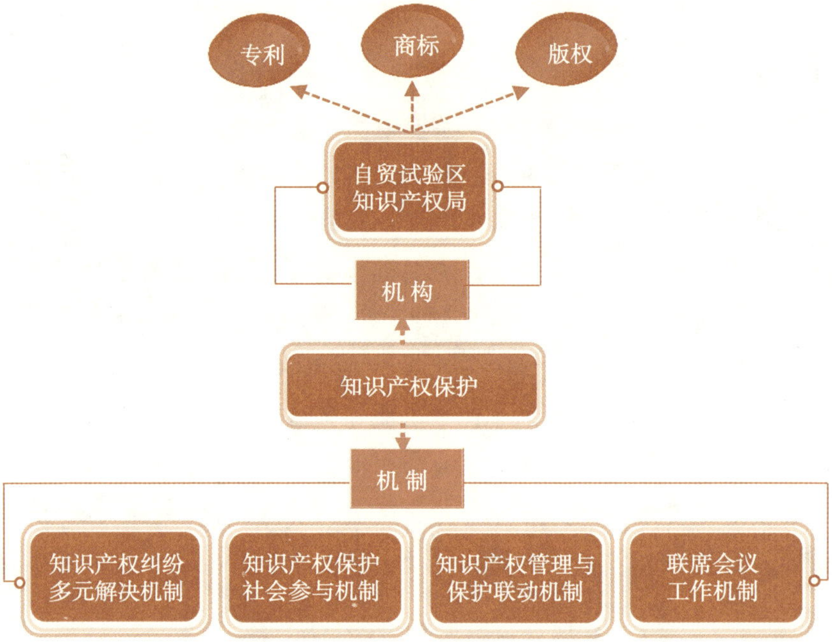

图6-5　知识产权保护

6.4.2　公平交易与商业合同保护

在法律以及适用法律的司法机制建构中，充分尊重商事主体自治的愿望与能力。在不违反强制性法律、法规的条件下，尊重商事主体之间创新交易结构安排的法律效力。

为了保障交易安全、提升交易效率，自贸试验区内的法律争议纠纷应在合理期限内尽快解决，相关的执行工作也必须高效完成。自贸试验区内企业订立的合同与区外企业订立的合同在法律适用上一律平等，法院应当审慎认定合同效力（见图6-6）。

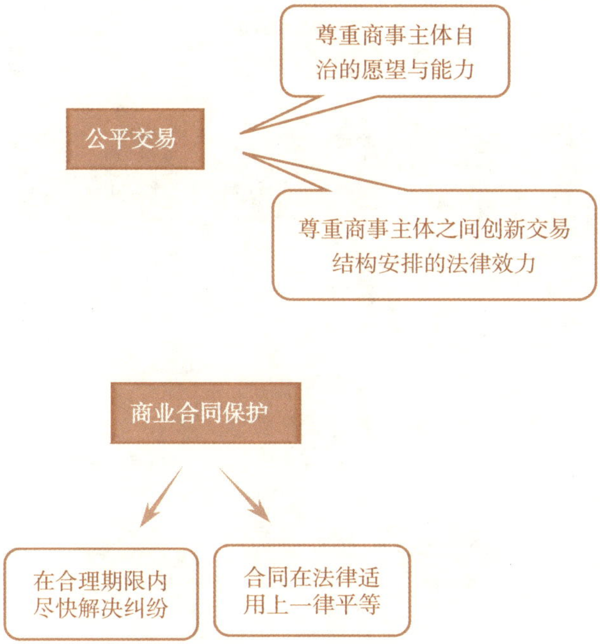

图6-6　公平交易与商业合同保护

6.5　国际商事仲裁制度

6.5.1　仲裁机构与仲裁规则

建立自贸试验区仲裁院，制定自贸试验区仲裁规则。法院要从立案、司法审查、裁决执行等环节，全方位对自贸试验区仲裁规则予以支持。在仲裁院基础上可以设立国际性的联合调解庭及专业性的调解中心，完善自贸试验区多元纠纷解决机制（见图6-7）。

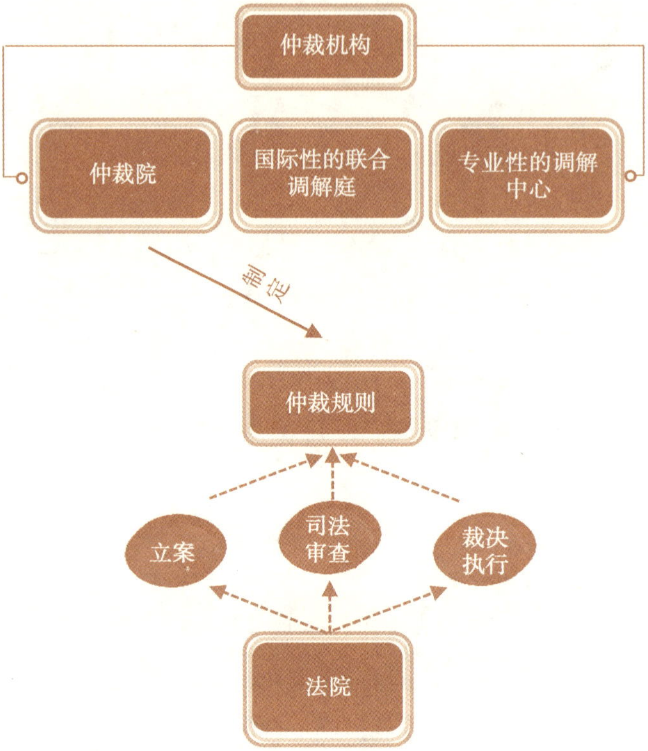

图6-7　仲裁机构与仲裁规则

6.5.2　紧急仲裁庭制度

紧急仲裁庭制度是为当事人在紧急情况下提供临时救济的制度。它在紧急情况下向当事人提供迅捷的临时性救济，但不影响仲裁庭对实体争议的审理及当事各方的其他程序权利（见图6-8）。

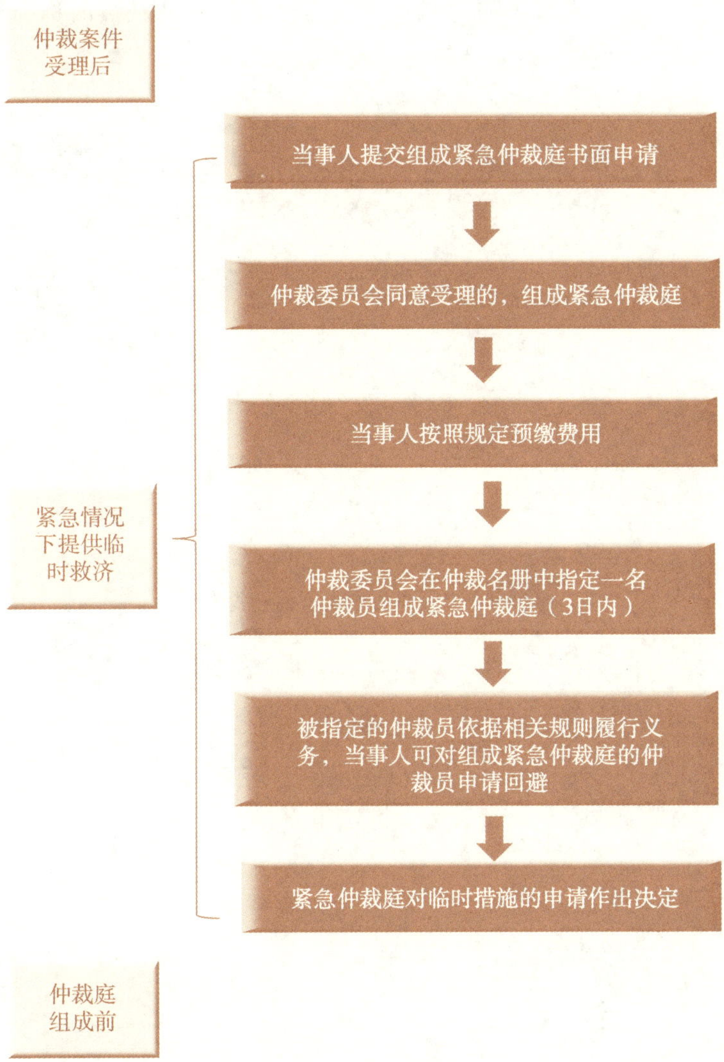

图 6-8　紧急仲裁庭制度

6.5.3　仲裁员名册制度

建立开放式仲裁员名册制度。当事人可以或者主要是从仲裁员名册中选定仲裁员，也可以在仲裁员名册以外选择仲裁员或首席（独任）仲裁员（见图6-9）。当事人对仲裁员或首席（独任）仲裁员的选择权利无须事先特别约定，而是通过仲裁规则予以确认。[①]

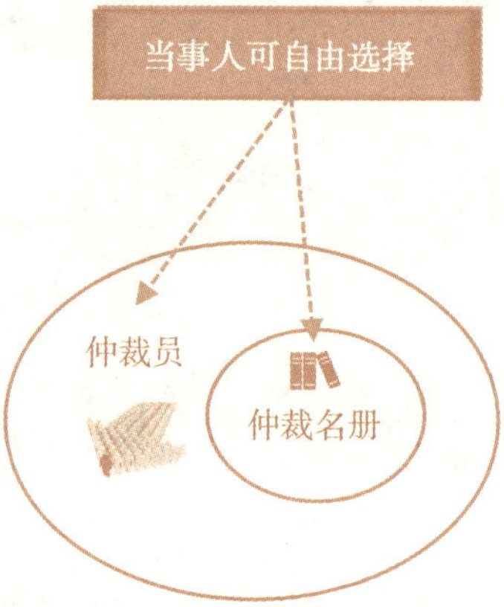

图6-9　开放式仲裁员名册制度

① 《中国（上海）自由贸易试验区仲裁规则》（2014年5月1日起施行）。

7

转型发展篇

7.1 保税区转型为自由贸易试验区

7.1.1 制度创新与引领转型

自由贸易试验区是制度创新高地。通过扩大开放、深化改革、制度创新，建立与国际投资贸易通行规则相衔接的基本制度框架并有效运行，引领转型发展。保税区及其他海关特殊监管区域要积极有效地复制自贸试验区的改革试点经验，实现从保税区向自贸试验区的转型。

2014年8月，海关总署制定《中国（上海）自由贸易试验区14项海关监管创新制度复制推广工作方案》，先后在长江经济带9省2市12个海关特殊监管区域及全国海关特殊监管区域全面复制推广。

2014年12月21日，国务院发布《关于推广中国（上海）自由贸易试验区可复制改革试点经验的通知》（国发〔2014〕65号），部署了上海自贸试验区海关监管制度创新和检验检疫制度创新的部分重要改革事项在全国其他海关特殊监管区域复制推广。

2016年11月10日，国务院发布《关于做好自由贸易试验区新一批改革试点经验推广工作的通知》（国发〔2016〕63号），部署了在全国海关特殊监管区域复制推广的7项改革事项：

（1）入境维修产品监管新模式；

（2）一次备案、多次使用；

（3）委内加工监管；

（4）仓储货物按状态分类监管；

（5）大宗商品现货保税交易；

（6）保税展示交易货物分线监管、预检验和登记核销管理模式；

（7）海关特殊监管区域间保税货物流转监管模式。

2018年5月23日，国务院发布《关于做好自由贸易试验区第四批改革试点经验复制推广工作的通知》（国发〔2018〕12号），在海关特殊监管区域复制推广“海关特殊监管区域‘四自一简’监管创新”“‘保税混矿’监管创新”等2项；在海关特殊监管区域及保税物流中心（B型）复制推广“先出区、后报关”。

保税区及其他海关特殊监管区域要制定路径，自主试验，建设政府职能转变–监管服务高效–营商环境优化的制度体系，实现向自贸试验区转型（见图7–1）。

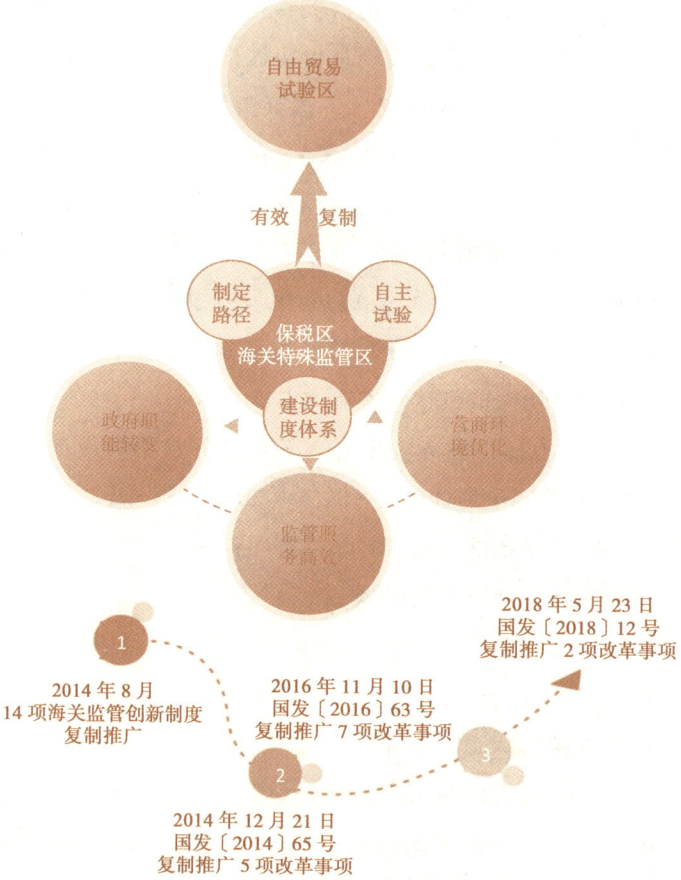

图7–1　保税区制度创新，实现向自贸试验区的转型

视窗7-1

保税区转型为自由贸易试验区

我国的保税区是借鉴并参照国际上的自由贸易园区的成功经验而建立的，与自由贸易园区有很多相似之处，但是由于在区域定性、海关监管、管理体制、区港分离等诸多方面存在缺陷与不足，保税区的整体区域优势难以充分发挥，严重制约了它的进一步发展。随着世界经济一体化和全球贸易自由化的不断发展，国际分工传统格局被突破，跨国研发、生产、销售更加频繁，国际竞争加剧，我国保税区已明显显现出对新形势的不适应状况，面临日益严峻的挑战。这从主观和客观上都要求保税区必须拓展功能，创新管理，调整区域政策，尽快实现向国际规范的自由贸易区转型，深入参与新的国际分工和竞争，融入世界经济一体化格局。

保税区功能的转型，不是要脱离原有的功能基础，另外重新搞一套，而是要在原有基础上，结合目前出现的新情况和需求进行调整、扩充和增加，丰富功能内涵，使其能够适应和满足区域和企业的发展需要。我国保税区在建立之初，借鉴国外自由贸易园区的部分经验，其功能定位是围绕国际贸易、保税仓储和出口加工三大基础功能进行整体开发。根据目前的发展趋势和企业对综合性多样化服务功能的需求，开发拓展展示交易功能、国际物流功能和金融服务功能已经越来越重要。

7.1.2 功能培育与促进转型

通过以贸易便利化为重点的贸易监管制度建设，包括海关监管制度、检验检疫监管制度、国际贸易“单一窗口”制度、相关服务业及服务贸易开放监管制度等，使保税区生成国际与国内两个市场互相融通、内外贸一体化的制度-市场框架，促进贸易转型升级，巩固已有产业基础，重点发展国际贸易、金融服务、专业服务、技术服务等现代服务业，形成现代服务业集聚区，成为引领转型发展的新的增长点。

通过平台经济功能培育，形成大宗商品交易市场、大型综合物流集成中心、内外贸一体化展示交易中心、电子商务产业基地等新型业态，带动形成新的产业链。

通过实施流量经济战略及国际贸易、国际物流营运商计划，吸引国际、国内、区域的大、中、小型总部型企业入驻，促进贸易、物流集约化发展。

通过培育工业创新驱动和高端要素承载功能，促进现代制造研发设计、信息技术产业等基础性科技创新产业及其他与其相适应的科创产业发展，使科技创新成为发展的重要驱动因素（见图7-2）。

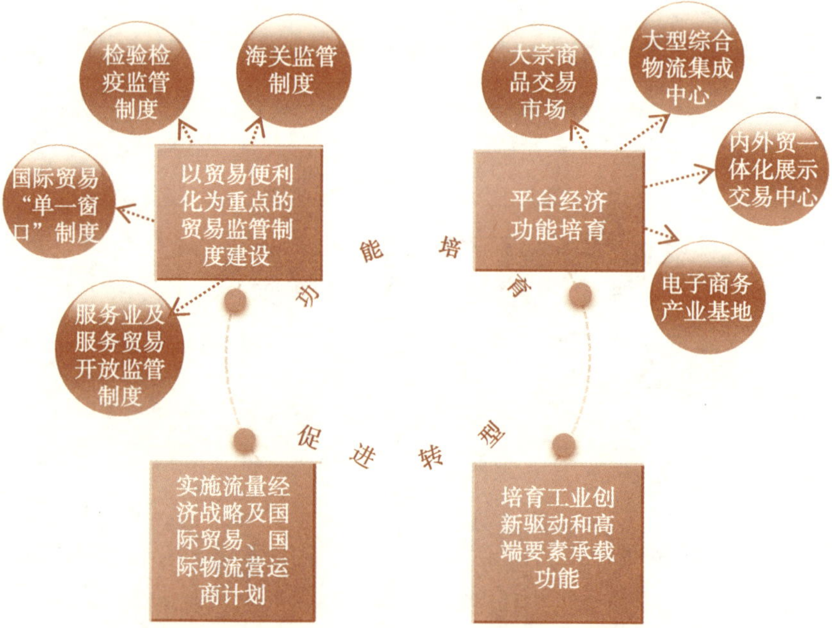

图7-2　保税区功能培育，实现向自贸试验区的转型

视窗7-2

国际大宗商品交易

大宗商品交易被称作世界经济的“晴雨表”。自全球金融危机以来，大宗商品价格波动巨大，成为世界经济复苏过程中最不确定的因素。与此同时，大宗商品的需求及影响力又逐渐向亚太市场转移。近年来，亚太地区对大宗商品的需求日益旺盛，对大宗商品的进口数量也不断增加，其中中国的需求尤其明显。根据《中国（上海）自由贸易试验区总体方案》，上海自贸区将探索在自贸试验区内设立国际大宗商品交易和资源配置平台，开展能源产品、基本工业原料和大宗农产品国际贸易。2015年7月1日，自贸试验区大宗商品现货市场启动仪式在洋山保税港区举行，上海有色网金属交易中心、上海钢联金属矿产国际交易中心共同启动首批产品上线，涵盖有色金属和黑色金属两大商品品类。

7.1.3 政策优化与助力转型

1.投资开放政策优化

积极落实国务院发布的《关于扩大对外开放积极利用外资若干措施的通知》（国发〔2017〕5号），地方政府在法定权限范围内制定出台招商引资优惠政策，支持对就业、经济发展、技术创新贡献大的项目，降低企业投资和运营成本，依法保护投资企业及其投资者权益，营造良好的投资环境。

2.产业规制政策优化

服务业重点放宽金融服务业（银行类金融机构、证券公司、证券投资基金管理公司、期货公司、保险公司、保险中介机构）、专业服务业

（会计审计、建筑设计、评级服务）、生产性服务业（工业设计和创意、工程咨询、现代物流、检验检疫认证）的外资准入限制。制造业重点支持与“中国制造2025”战略相适用的高端制造、智能制造、绿色制造等产业。支持外资依法依规以特许经营方式参与能源、交通、水利、环保、市政公用工程等基础设施建设。

3.税收土地政策优化

在现有的保税区税收政策基础上，积极争取保税维修、离岸退税政策试点，带动保税维修业务、国际旅游业、国际零售业及区域融合发展。支持外商投资项目用地。外商投资企业与内资企业同等适用相关用地政策。对集约用地的鼓励类外商投资工业项目优先供应土地。对符合条件的西部地区鼓励类产业外商投资企业实行企业所得税优惠政策。向中西部地区、东北地区转移的外商投资企业享受国际支持产业转移与加工贸易的资金、土地等优惠政策。

保税区政策优化，实现向自贸试验区的转型（见图7-3）。

图7-3　政策优化与助力转型

7.2 国家级经济技术开发区转型为自由贸易试验区

7.2.1 国家级经济技术开发区功能转型

开发区建设是我国改革开放的成功实践，对促进体制改革、改善投资环境、引导产业集聚、发展开放型经济发挥了不可替代的作用，开发区已成为推动我国工业化、城镇化快速发展和对外开放的重要平台。国家级经济技术开发区是由国务院批准成立的经济技术开发区，共有219家，分布在全国31个省、自治区、直辖市，在我国改革开放进程中发挥了重要的先行与示范作用。我国设立的自由贸易试验区，有一些片区是在经济技术开发区范围之内。在新的历史时期，国家级经济技术开发区需要实现功能转型，从开发区转型为自由贸易园区或复制推广自贸试验区经验的示范区（见图7-4）。

图7-4 国家级经济技术开发区向自贸试验区转型

7.2.2 复制推广自贸试验区经验

1.第一批自贸试验区经验

2014年12月21日，国务院发布《关于推广中国（上海）自由贸易试验区可复制改革试点经验的通知》（国发〔2014〕65号），经党中央、国务院批准，上海自贸试验区的可复制改革试点经验在全国范围内推广。2014年12月21日国务院通知中在全国范围内复制推广的改革事项包括：

第一，在投资管理领域，除了负面清单管理制度及境外投资备案制和部分服务业开放之外，其他包括工商登记、税务管理、组织机构代码实时赋码等改革事项均可复制推广，建立便捷、高效的市场监管制度。

第二，在贸易便利化领域，包括全球维修产业检验检疫监管、中转货物产地来源证管理、检验检疫通关无纸化、第三方检验结果采信、出入境生物材料制品风险管理等，在全国复制推广。

第三，在金融领域，资本项目可兑换、利率市场化、人民币双向资金池等项试点不在全国复制推广，其他涉及经常项目及直接投资方面的人民币业务和外汇管理制度在全国复制推广。

第四，在服务业开放领域，金融服务、航运服务、商贸服务、社会服务、文化服务、专业服务六大领域中，航运服务、文化服务等领域未列入全国复制推广范围，其余的金融服务（主要是融资租赁）、商贸服务（游戏游艺设备生产和销售）、专业服务（外商投资资信调查公司、股份制外商投资性公司）领域的部分行业扩大开放措施在全国复制推广。

第五，事中与事后监管措施，除了国家安全审查和反垄断审查事项，其他5项改革措施包括社会信用体系、企业年度报告公示和经营异常名录、信息共享和综合执法、社会力量参与市场监管以及各部门的专业监管制度，在全国复制推广。

2.第二批自贸试验区经验

2016年11月10日，国务院发布《关于做好自由贸易试验区新一批改革试点经验复制推广工作的通知》（国发〔2016〕63号），经党中央、国务院批准，自贸试验区可复制、可推广的新一批改革试点经验在全国范围内复制推广（见表7-1）。

表 7-1　　自由贸易试验区第二批复制推广的改革试点经验

领　域	在全国范围内复制推广的改革事项
投资管理领域	①负面清单以外领域外商投资企业设立及变更审批改革 ②税控发票领用网上申请 ③企业简易注销
贸易便利化领域	①依托电子口岸公共平台建设国际贸易单一窗口，推进单一窗口免费申报机制 ②国际海关经认证的经营者（AEO）互认制度 ③出境加工监管 ④企业协调员制度 ⑤原产地签证管理改革创新 ⑥国际航行船舶检疫监管新模式 ⑦免除低风险动植物检疫证书清单制度
事中与事后监管领域	①引入中介机构开展保税核查、核销和企业稽查 ②海关企业进出口信用信息公示制度

第一批和第二批复制推广自贸试验区经验的通知如图 7-5 所示。

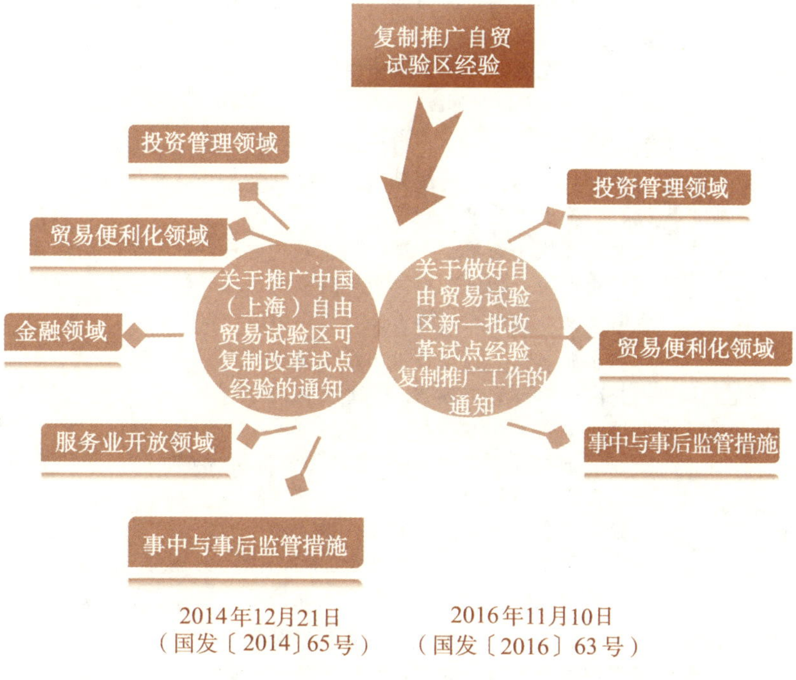

图 7-5　第一批和第二批复制推广自贸试验区经验的通知

3. 第三批自贸试验区经验

2017年7月26日，商务部、交通运输部、工商总局、质检总局、外汇局发布了《关于做好自由贸易试验区第三批改革试点经验复制推广工作的函》（见表7-2）。

表7-2　**自由贸易试验区第三批复制推广的改革试点经验**

序号	事项	主要内容
1	会展检验检疫监管新模式	一是简化审批手续，对报检单位登记备案、出入境特殊物品卫生检疫审批、口岸卫生许可、进境（过境）动植物及其产品检疫审批等检验检疫审批项目，实行网上申请和审批 二是创新展品监管措施，对需办理强制性产品认证（CCC认证）的产品实行“入区登记、展后区别监管”的监管方式，无须办理“免于办理强制性产品认证证明”。会展结束后，退运出境的展品采取复出核销的便捷措施，销售、使用的展品按照强制性产品认证的有关规定办理 三是改口岸查验为场馆集中查验，对入境展品实行口岸核证直接放行
2	进口研发样品便利化监管制度	对研发科创类型企业进口的研发用样品采取合格假定、信用、放行的监管新模式，对产品实施风险分类监管，简化入出境办理手续，实施事中与事后监管
3	海事集约登轮检查制度	整合海事执法力量，实现一站式登轮检查，对海事部门涉及的各类检查项目，做到能够不登轮检查的不再登轮检查，必须登轮检查的事项，一次完成海事监管所有执法检查
4	市场主体名称登记便利化改革	实行企业名称“自助查重、自主申报”： 一是减少名称登记环节。企业名称核准与企业设立登记可以同时办理 二是开放名称数据库，设定名称禁限用规则，供申请人自助查重、自主申报使用 三是探索名称争议除名制度。应予纠正的企业名称，登记机关责令企业限期改正，拒不改正的，可以用除名方式，或者暂以统一社会信用代码代替，通过国家企业信用信息公示系统予以公示
5	融资租赁公司收取外币租金	金融租赁公司、外商投资融资租赁公司及中资融资租赁公司办理融资租赁业务时，如用以购买租赁物的资金50%以上来源于自身国内外汇贷款或外币负债，可以在境内以外币形式收取租金

4.第四批自贸试验区经验

2018年5月23日，国务院印发《关于做好自由贸易试验区第四批改革试点经验复制推广工作的通知》(见图7-6)。

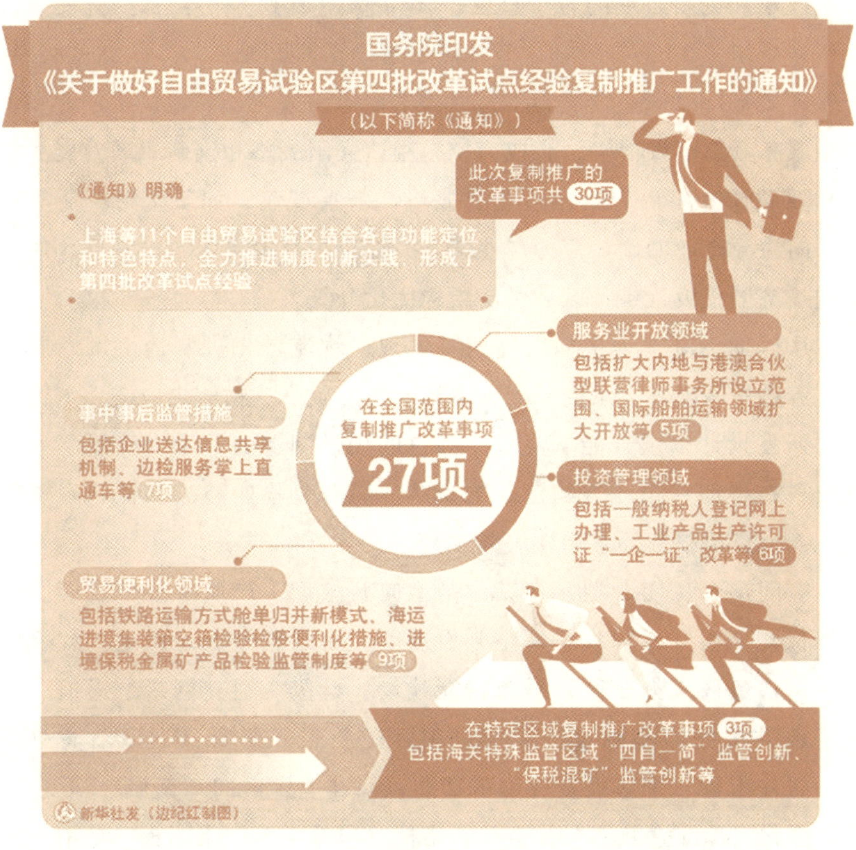

图7-6 《关于做好自由贸易试验区第四批改革试点经验复制推广工作的通知》

国家级经济技术开发区在复制推广自贸试验区改革试点经验方面不仅具备相应的基础、条件、平台和体系，而且复制推广的制度创新成果也符合国家级经济技术开发区转型升级创新发展的需要。国家级经济技术开发区要成为复制推广自贸试验区改革试点经验的示范区，实现转型发展。

7.2.3 产业升级，形态优化，提质增效

2017年1月19日，国务院办公厅印发《国务院办公厅关于促进开发区改革和创新发展的若干意见》(国办发〔2017〕7号)，为开发区改革创新提出了23条要求（“开发区23条”）(见图7-7)。该意见明确，开发区要坚持以产业发展为主，成为本地区制造业、高新技术产业和生产性服务业集聚发展平台，成为实施制造强国战略和创新驱动发展战略的重要载体。突出先进制造业、战略性新兴产业、加工贸易产业等特色，向主导产业明确、延伸产业链条、综合配套完备的方向发展，成为区域经济增长极，带动区域经济结构优化升级。

从以加工制造为主向国际贸易、现代物流、先进制造协调发展转型，着重发展国际大宗商品交易市场、服务贸易、物流供应链、电子商务、研发设计以及智能、高效、绿色的先进制造业。大力发展研发设计、科技咨询、第三方物流、知识产权服务、检验检疫认证、融资租赁、人力资源服务等生产性服务业。

空间形态从闭合型、产城分割型向开敞型、产城融合型发展。高标准优化二次开发规划，调整开发强度，有效调整土地用途，统筹生活区、商务区、办公区等城市功能建设，升级交通、网络、通信、治污、公共服务等基础设施，引进国际优质服务业要素，激活商业商务、居住出行、生活娱乐等都市功能，使产业园区向“新城”演变。

强化资源配置效率及社会效益指标，包括土地产出指标（单位土地生产值、单位土地税收额、单位土地投资强度)、产业集中度指标（工业集中度、贸易集中度、主导产业集聚度)、节能减排指标（综合能耗指标、污染物减排指标、分解节能减排指标)、技术创新能力指标、就业率指标等。国家级经济技术开发区成为高端要素产业集聚、发展质量提升、经济社会效益显著的新型产城融合区。

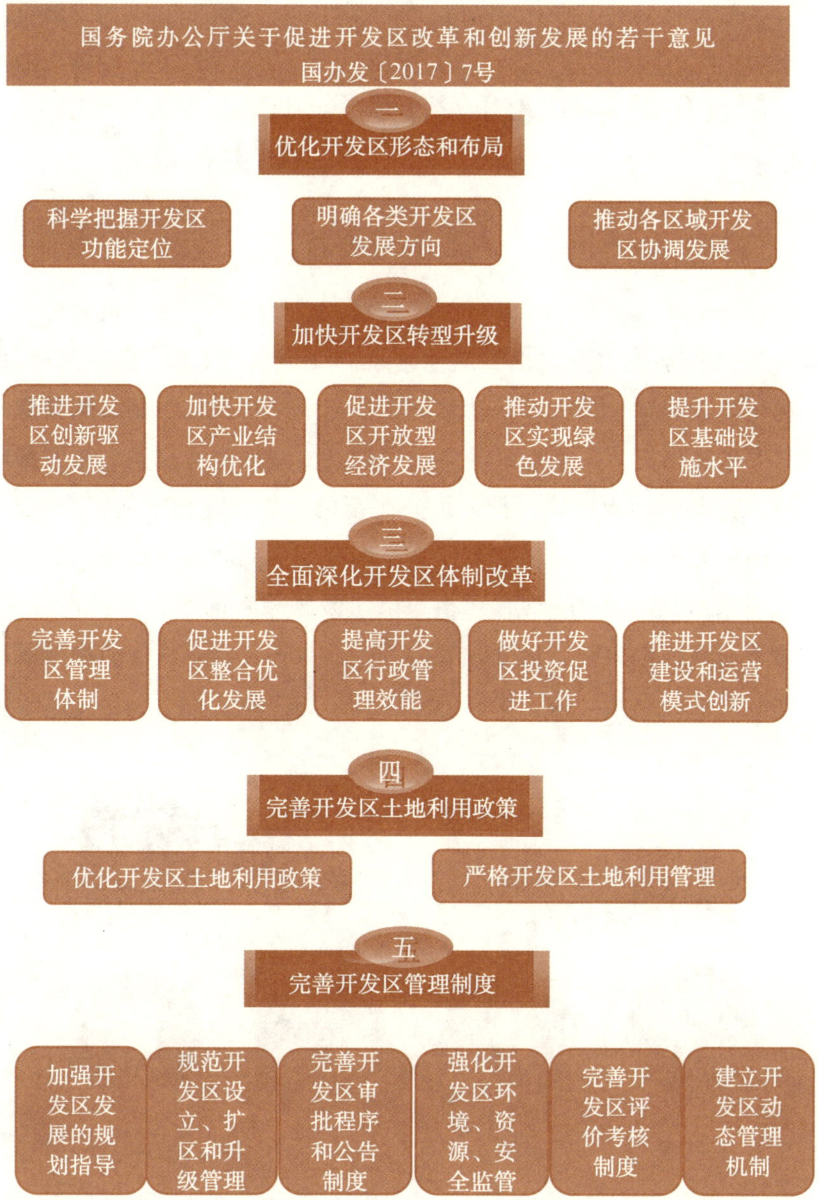

图 7-7　《国务院办公厅关于促进开发区改革和创新发展的若干意见》的主要内容

7.3 制度创新与园区开发良性互动

7.3.1 创新与开发相融合的发展理念

发展理念要遵循科学规划—制度创新—政策体系—发展机制的线性节点展开。科学规划要求根据功能定位和发展目标，巩固现有资源优势，优化要素配置，减少要素转移成本，促进结构调整。制度创新是根据规划要求提供有效的制度供给条件，包括有效的产业规制、良好的营商环境、完备的知识产权保护制度、规范的法律保障和争端解决机制、高效率的公共服务体系等。政策体系是围绕制度创新的实施细则和配套措施。发展机制是市场-政府互相约束、激励相容的运行和操作规范。把优化营商环境作为首要任务，着力为企业投资经营提供优质高效的服务、配套完备的设施、共享便捷的资源（见图7-8）。

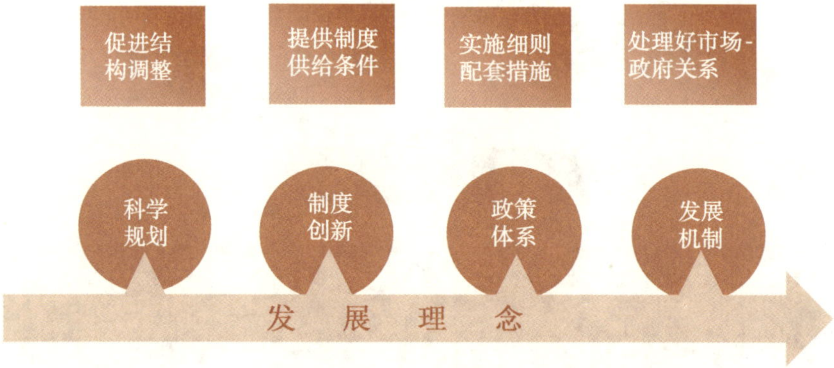

图7-8 创新与开发相融合的发展理念

7.3.2 招商服务体制机制改革创新

在争取投资开放政策的基础上，构建投资准入“单一窗口”管理服务制度、国际贸易“单一窗口”管理服务制度、跨境投融资服务平台以及规范有效的事中与事后监管服务。构建良好的金融环境，扩张银行存贷总量规模，为招商提供信用和信贷支持。推广政府和社会资本合作模式，整合财政资金、社会资金、信贷资金，建立支持产业发展专项基金体系，扶持先进制造业、现代服务业和科技创新产业发展。结合产业发展方向，在政策允许和权限范围内制定相应的招商引资优惠政策（见图7-9）。

图7-9　招商服务体制机制改革创新

7.3.3 商业模式与产业业态改革创新

着重培育以互联网为技术基础和技术手段的商业模式及产业业态，发展基于工业互联网的新型制造模式、全产业链集成服务供应模式、内外贸一体化新型贸易业态、投融资及股权交易服务平台、公共技术服务平台、国家地方联合创新平台、园区及区域运营商（总部经济）计划等，适应企业营运功能、管理功能集约化运作的需要，铸就招商、造商、营商功能优势（见图7-10）。

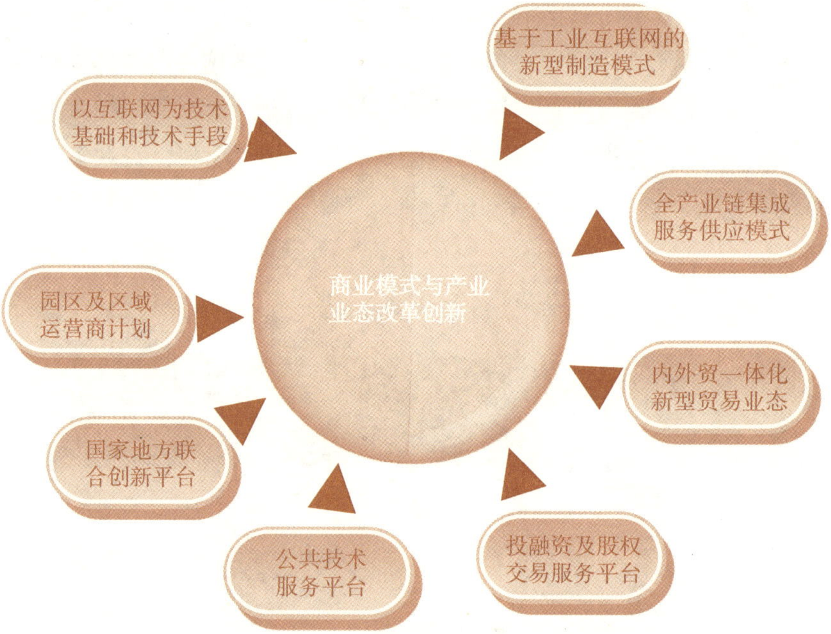

图7-10　商业模式与产业业态改革创新

7.4　自由贸易园区的基本特征、功能类型及形态

7.4.1　国际自由贸易园区的基本特征

自由贸易园区（free trade zone，FTZ）的定义来源于世界海关组织的前身——海关合作理事会所解释的“自由区”。该组织于1973年5月

18日在日本京都签署《关于简化和协调海关制度的国际公约》(《京都公约》),这是全世界唯一全面规范海关制度和规则标准的国际性法律文件。按照《京都公约》的解释,“自由区(free zone)是指缔约方境内的一部分,进入这一部分区域的任何货物,就进口税费而言,通常视为在关境之外,并免于实施通常的海关监管措施”。在不同国家或地区,自由贸易园区有多种名称,如自由区、工商业自由贸易区、出口自由区、自由关税区、自由贸易港、对外贸易区等,国际上一般将中国的保税区及海关特殊监管区域也归入自由贸易区。①

自由贸易园区的基本特征是“境内关外”的海关特殊监管制度。自由贸易园区内在海关监管、货物流转、金融市场、进出口管制等方面都高度开放,体现为货物进出自由、投资自由、金融自由(见图7-11)。

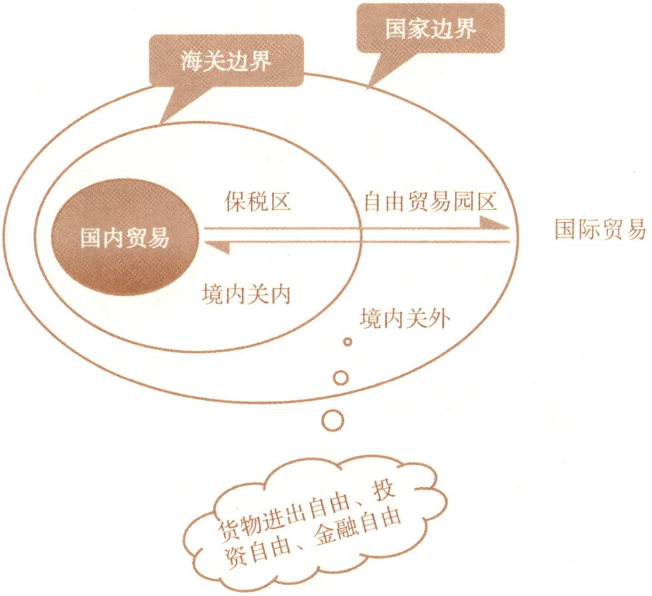

图7-11 自由贸易园区的基本特征

① 上海财经大学自由贸易区学院.赢在自贸区2:经济新常态下的营商环境和产业机遇[M].北京:北京大学出版社,2015.

7.4.2 国际自由贸易园区的功能类型

自由贸易园区的主体功能是贸易。国际上大多数自由贸易园区的功能主要集中在国际贸易、出口加工、仓储展示、物流分拨、金融服务以及科技开发等方面。基于不同的功能定位，自由贸易园区大致分为自由港型、转口集散型、贸工综合型、出口加工型、保税仓储型、离岸金融型等。

随着经济全球化发展，自由贸易园区的发展出现两个重要趋势：一是由以贸易功能为主向贸易功能与投资功能并重转型；二是由以贸易自由制度安排为主向贸易自由、投资自由、金融自由制度联动转型。中国的自由贸易试验区契合了国际自由贸易园区的发展趋势，在形态及功能方面适应了国际自由贸易园区的发展潮流（见图7-12）。

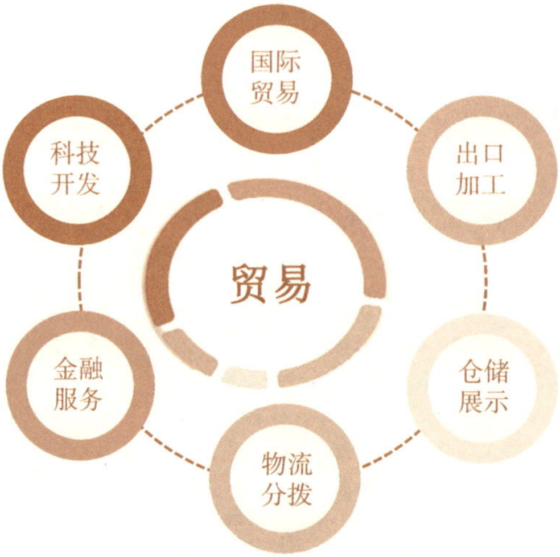

图7-12 国际自由贸易园区的功能类型

7.4.3 海港、空港自贸区的形态及功能差异

欧洲、北美洲及亚洲的大多数自由贸易园区依海港而建。因为沿海地区的城市一般较发达，距离海岸线及国境线也近，有便捷的运输条件，适合大规模贸易、生产，能更强地促进经济发展的辐射效应。但一些以高科技产业及小规模定制贸易为主的自由贸易园区也可以建在内陆大城市，主要是依托空港的空中运输优势。如美国杜勒斯对外贸易区，就是较典型的依托国际航空港发展起来的高科技自由贸易园区。以杜勒斯国际机场为起点的公路沿线已成为全球领先的软件业科技走廊，每天约有50%的全球在线信息流经这里。新加坡樟宜空港物流园区也是较典型的空港自由贸易园区，面积仅有0.26平方千米，但快速便捷的空中运输使该空港自贸区成为亚洲最大的物流基地及第三方物流供应商，保证了全球客户的需要。现在，空港自贸区更是依托航空港，建设集机场、国家高铁、城际铁路、城市轨道交通等现代交通工具于一体的多式联运大型综合交通枢纽，物流与客流互相促进，有效促进了区域经济发展。

如果地理条件优越，自由贸易园区一般会建在既有海港又有空港的区域。迪拜杰贝・阿里自由贸易区既依托杰贝・阿里港，又距离迪拜国际机场约30分钟车程，距离马克图姆国际机场15分钟车程，海陆空运输中转非常方便。新加坡的樟宜空港自贸区和裕廊海港自贸区也是地理位置相邻，能够有效实现功能互补（见图7-13）。

海港自贸区

- 依海港而建
- 距离海岸线及国境线近，运输条件便捷
- 适合大规模贸易、生产

• 欧洲、北美洲及亚洲的大多数自由贸易园区

空港自贸区

- 内陆大城市
- 空中运输优势
- 适合高科技产业及小规模定制贸易

• 美国杜勒斯对外贸易区、新加坡樟宜空港物流园区

既有海港又有空港自贸区

迪拜杰贝•阿里自由贸易区既依托杰贝•阿里港，又距离迪拜国际机场、马克图姆国际机场很近。新加坡樟宜空港自贸区和裕廊海港自贸区地理位置相邻，能够有效实现功能互补

现在的空港自贸区

依托航空港，建设集机场、国家高铁、城际铁路、城市轨道交通等现代交通工具于一体的多式联运大型综合交通枢纽，物流与客流互相促进，有效促进了区域经济发展

图7-13　海港、空港自贸区的形态及功能差异

8

绩效评估篇

8.1 绩效评估标准

8.1.1 自贸试验区的绩效定位

建立自贸试验区是党中央、国务院作出的重大决策，是国家的战略需要。自贸试验区肩负着我国在新时期加快政府职能转变，积极探索管理模式创新，促进贸易和投资便利化，为全面深化改革和扩大开放探索新途径、积累新经验的重要使命。①

自贸试验区建设的核心任务是制度创新（见图8–1）。制度创新就是要构建市场在资源配置中起决定性作用和更好发挥政府作用的社会主义市场经济新体制。围绕制度创新这一基点，以扩大开放—深化改革—促进发展为主线推进主体建设任务，构建基本制度框架。通过结构性改革，改善制度供给条件，矫正资源配置扭曲，提高全要素生产率以及供给结构适应性和灵活性，扩大有效供给，并推动经济结构、经济发展方式转变。

8.1.2 自贸试验区的评估标准

根据自贸试验区的国家战略意图、发展目标和绩效定位确定评估标准，从以下技术路径衡量试验区的主要任务和措施的完成情况以及制度创新系统集成绩效，给出科学、有效的评估结论（见图8–2）。

1.与扩大开放、培育功能相适应的管理制度创新

主动适应全球化经济治理新形势、新格局，主动对接国际贸易投资

① 《中国（上海）自由贸易试验区总体方案》（2013年9月18日）。

图 8-1　自贸试验区的绩效定位

图 8-2　自贸试验区的评估标准

高规格、新标准，形成一套适应国际、国内要素有序、自由流动的经济体制、管理体制和监管模式，推动对内和对外开放相互促进以及引进来和走出去更好结合，以高度开放的特征和优势加快培育参与和引领国际经济合作竞争的新优势。

2.深化改革，促进政府职能转变，创新构建以放、管、服为逻辑的行政管理体制

切实把制度创新作为核心任务，率先实行以转变政府职能为核心的行政管理体制改革，积极探索和健全既符合国际高标准投资和贸易规则体系要求又适应我国工业化及市场经济发展阶段的行政管理体制。遵循简政放权、放管结合、优化服务的改革逻辑，构建权责明确、公平公正、透明高效、法制保障的事中与事后监管体系，率先实现政府管理由注重事前审批向注重事中与事后监管转变，提高治理能力，实现治理体系现代化。

3.构建与法治化、国际化的营商环境相适应的法制保障制度

对有关国家法律和国务院文件的部分规定，按法定程序作出调整；通过地方立法，建立与自贸试验区建设相适应的法律制度。构建司法保障及权益保护制度，包括自贸试验区法庭、国际商事仲裁制度、知识产权保护、竞争中立试验。创新人才服务体系和国际人才流动通行制度。

4.国家试验：复制推广、示范引领、服务全国

把可复制、可推广作为基本要求，不建政策“洼地”，建设制度创新“试验田”。先行先试、风险可控、分步推进、系统集成，为全国提供可复制、可推广的制度模块，为国际经贸谈判提供实践依据和支持条件。

8.2 绩效评估方法

8.2.1 技术标准

以评估技术路径为牵引，将科学计量评估和规范定性评估相结合，构成综合评估框架。这样既保证评估的科学性、客观性，又符合评估的价值指向。规范定性评估是对自贸试验区主要任务和措施建设推进评估及市场主体（企业）感受评估；科学计量评估是应用上海财经大学上海发展研究院、自由贸易区研究院自主开发的“自贸试验区制度创新绩效评估科学计量模型”（包括参量化的绩效指标体系和绩效评估系统），对相关数据进行处理和计算，通过模型运行给出客观的评估结论。综合评估值由主要任务及措施建设推进评估值和绩效评估值两部分构成，各占综合评估值比重的50%（见图8-3）。

图8-3　绩效评估的技术标准

绩效评估系统软件著作权登记证书

视窗8-1

中国（上海）自由贸易试验区综合评估

通过上海自贸试验区建设推进领导小组办公室的招投标程序，上海财经大学于2014年8月承接了《中国（上海）自由贸易试验区综合评估》项目，对自贸试验区运行一年的情况作第三方独立评估。上海财经大学组建了以赵晓雷教授为首席专家的项目团队。

作为一项国家战略，上海自贸试验区的国家战略意图应该有三方面指向（赵晓雷，2014）：

一是主动适应全球化经济治理的新趋势、新格局，主动参与引领规则制定；

二是提升中国在国际分工体系和全球产业价值链中的地位；

三是以开放型经济体系促进全面深化改革。

根据国务院总体方案列明的自贸区总体目标和主要建设任务，以及上海市人大常委会通过的《中国（上海）自由贸易试验区条例》对主要建设任务的分解，课题组参考有代表性的国际第三方机构评估指标，设计了自贸试验区评估指标体系，开发了绩效评估科学计量模型及相应的专业数据库，对自贸试验区制度创新绩效作出客观而公正的评估。

2014年11月14日，评估报告正式对外发布，受到众多媒体的关注。《文汇报》头版头条刊登了《上海财经大学完成的自贸试验区第三方评估报告指出——制度创新“良种”可分类复制推广》，《解放日报》头版头条刊登了《自贸区制度创新满意度逾80%》。《人民日报》、《上海证券报》、《东方早报》、《21世纪经济报道》、新华网、中国新闻网、中国广播网、上海电视台、东方电视台等多家媒体对上海财经大学开展上海自贸区第三方评估作了专题报道。此后，上海财经大学又承接完成了上海自贸试验区第二年综合评估及三年建设评估。

8.2.2 指标体系

根据各地自贸试验区总体方案列明的总体目标和主要任务措施，参考有代表性的国际第三方机构评估指标，设计了5级评估指标体系（见图8-4），并作参量化处理。

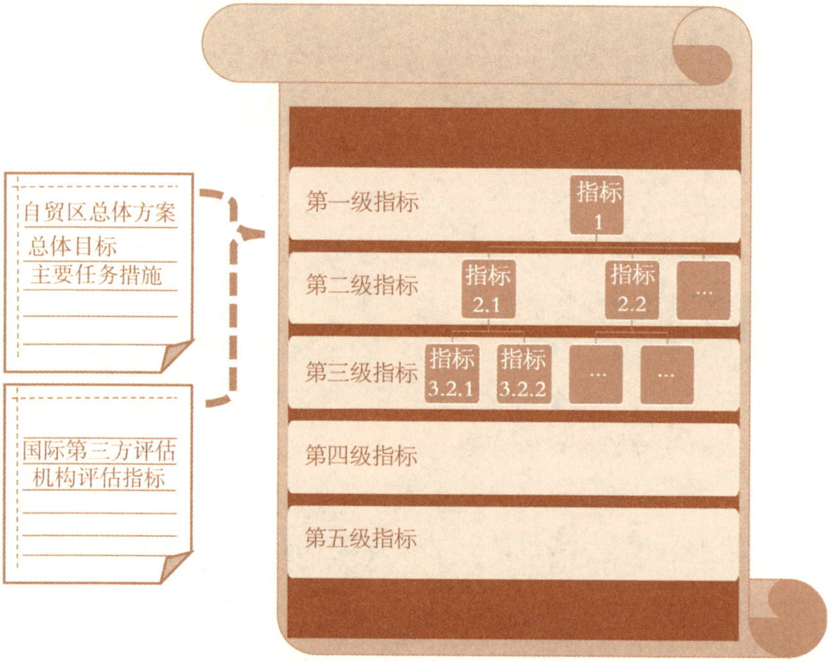

图8-4 构建绩效评估指标体系

该指标体系参照了有代表性的国际五大指数系统，包括企业营商环境指数（enterprise doing business index）、全球贸易便利指数（global enabling trade index）、全球竞争力指数（global competitiveness index）、世界竞争力指数（world competitiveness index）、全球经济自由度指数（global economic freedom index），既符合国家战略意图，又具有国际参照性（见图8-5）。

图8-5　绩效评估指标体系参照

视窗8-2

国际有代表性的营商环境评估第三方机构及其指标设计

目前国际上有代表性的反映行政管理效率及营商环境的指标主要有五大体系：

1.世界银行发布的企业营商环境指数

世界银行于2002年启动实施了企业营商环境指数，比较10个领域的监管程序的复杂性和成本，以及法律制度的执行力度。企业营商环境指数目前已经成为评估各国从事企业经营活动条件是否宽松的主要评价指标。

2.世界经济论坛发布的全球贸易便利指数

世界经济论坛于2008年开始发布全球贸易便利指数，用以衡量促进货物跨境自由流动并运达目的地的各项制度、政策和服务。

3.美国传统基金会和《华尔街日报》联合发布的全球经济自由度指数

美国传统基金会和《华尔街日报》联合发布全球经济自由度指数，从法治、监管、有限政府和开放市场4个方面来衡量经济体的自由程度。

4.世界经济论坛的全球竞争力指数和瑞士洛桑国际管理发展学院的世界竞争力指数

竞争力的概念对于理解各国的营商环境也有重要的参考价值。当前世界上关于国际竞争力评价主要有两个权威机构：一个是世界经济论坛，另一个是瑞士洛桑国际管理发展学院，二者各自发展出一套当下较为权威的国际竞争力评估体系。世界经济论坛对国家竞争力的研究强调的是一国中长期实现国民经济持续高速增长的能力，而瑞士洛桑国际管理发展学院更重视企业外部环境的良好程度。

虽然世界银行、世界经济论坛等国际组织评估的侧重点以及具体指标选择并不完全一致，但通过对国际五大指标体系的分析比较可以得知，在行政管理、投资贸易、金融法制建设等关键领域，这些国际组织均认为改革创新的最终目的在于提高行政管理效率，降低交易成本，消除国际投资和国际贸易流程中的技术性和机制性障碍，推动全球贸易和投资自由化、便利化。

8.3 绩效评估科学计量模型（以上海自贸试验区为例）

8.3.1 绩效评估指标体系的构建

绩效评估指标体系的构建如图8-6所示。

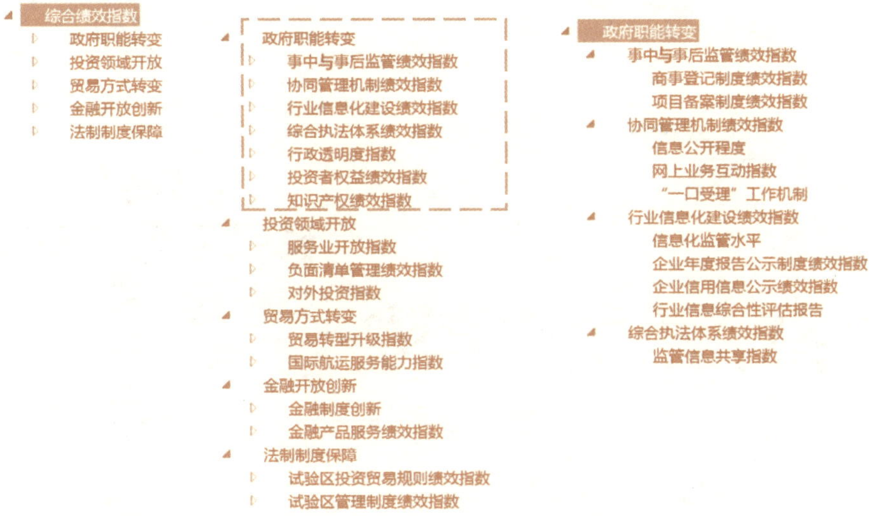

图8-6　绩效评估指标体系的展示样板

8.3.2　数据处理

在本系统中将指标分为两大类：一是隐性数据的制度创新绩效指标；二是显性数据的制度创新绩效指标。

数据处理的原则是：隐性数据的制度创新绩效指标必须通过适当的显性转换与显性数据的制度创新绩效指标处于同一指标系统，才能保证后期分析的统一性和可比性。

绩效指标参量化如图8-7所示。

8.3.3　软件概述

为实现上海自贸试验区创新绩效评估的系统模型功能及量化评估效果，研究团队开发了自贸试验区制度创新绩效评估科学计量模型。该软件运行环境的硬件要求是具备奔腾4处理器，2.5GHz；内存512M（或更高）；VGA视频显示器；标准的鼠标、键盘，软件要求是安装Windows 7/8操作系统、.Net Framework 4、MySQL 5.5数据库。该软件主要有三大功能：管理指标库、录入待评估的制度的数据信息、进行绩效

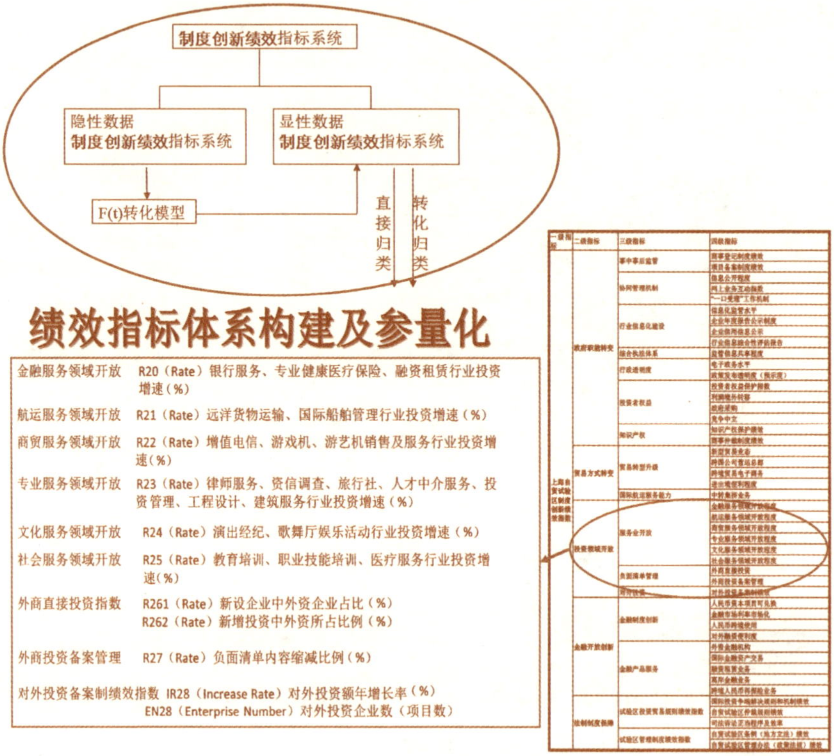

图 8-7 绩效指标参量化

评估（见图 8-8）。

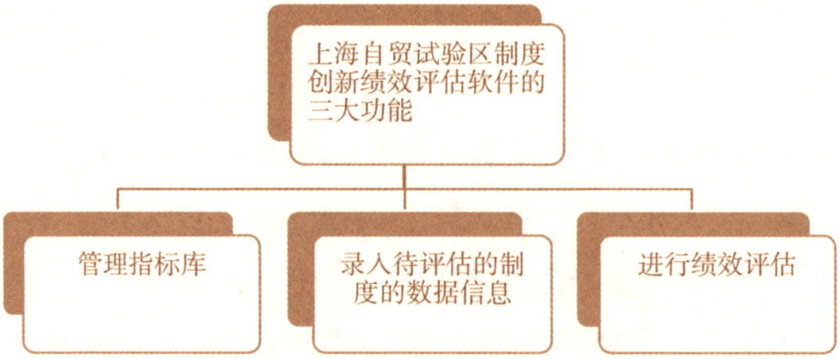

图 8-8 绩效评估系统软件的功能

绩效评估系统软件界面如图8-9和图8-10所示。

绩效评估系统首页

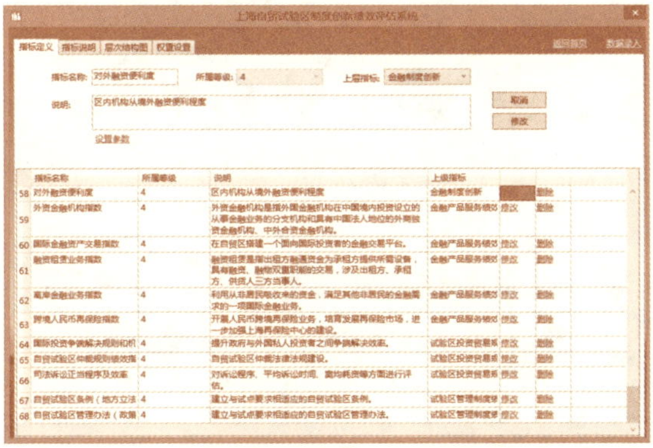

图8-9　绩效评估系统软件界面（一）

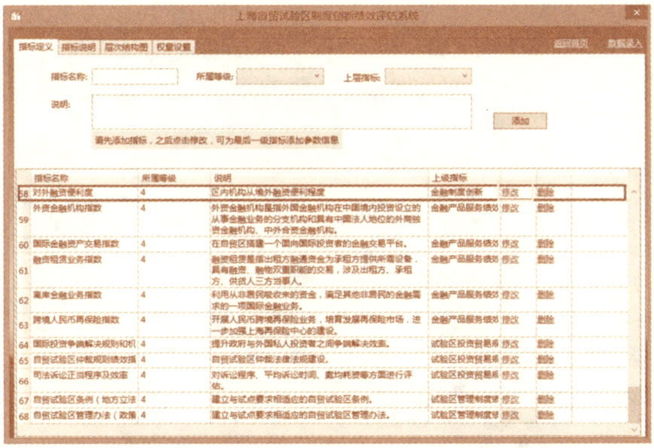

图8-10　绩效评估系统软件界面（二）

1.设置参数

在参数设置页面，可以添加、修改、删除参数。设置完成后，关闭页面即可（见图8-11至图8-13）。

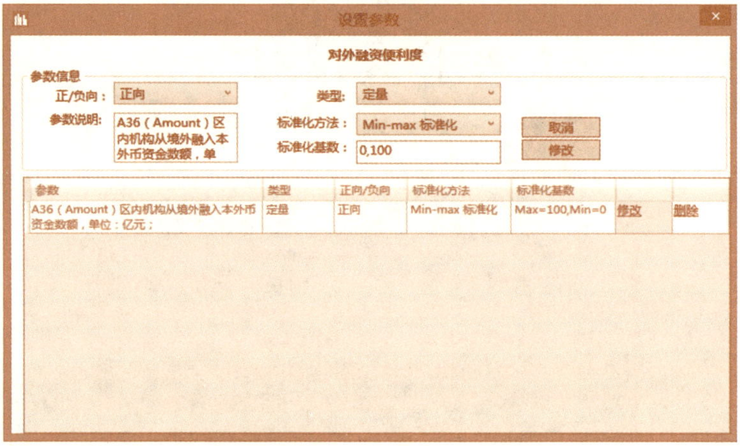

图8-11　绩效评估系统软件界面（三）

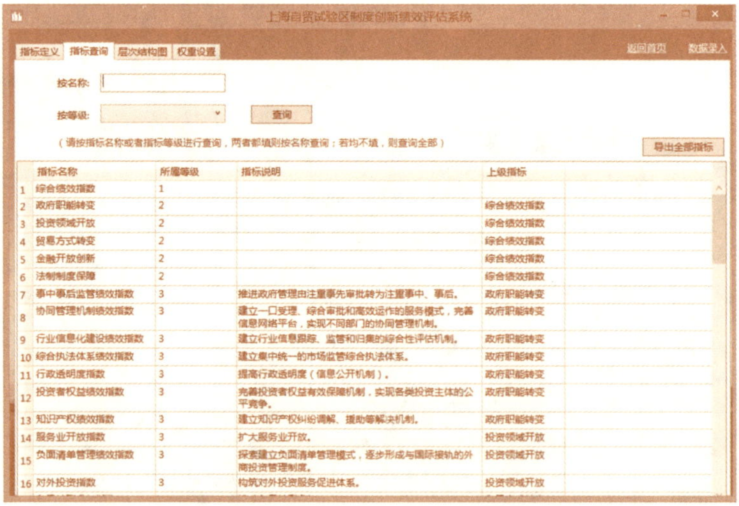

图8-12　绩效评估系统软件界面（四）

图 8-13　绩效评估系统软件界面（五）

2.设置权重

由于指标是按层次设计的，每个上层指标都包含若干个子指标，每个底层指标都包含若干参数，所以需要为子指标和参数设置权重。此种方式只能直接设置权重值。若需要综合多人意见，可先导出权重问卷，填写多份后，然后再导入。系统会按照APH的方法，计算最终的权重值（见图8-14）。

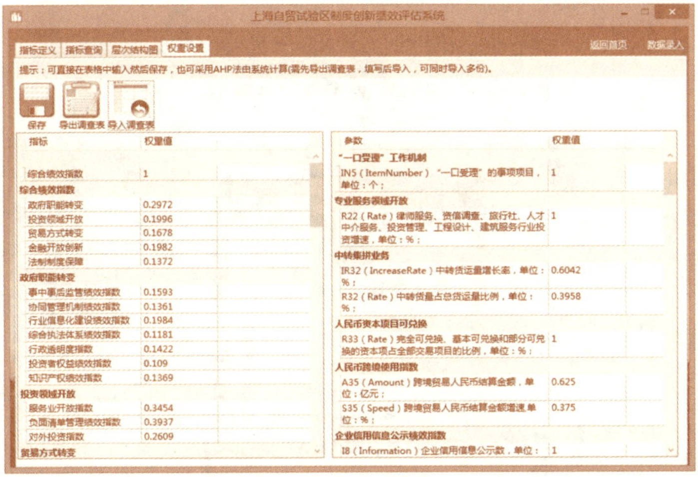

图 8-14　绩效评估系统软件界面（六）

3.导出权重问卷

说明：导出的权重问卷主要是为导入提供一个模板，不要随意更改问卷模板；否则导入会有问题。导出的模板经填写后再导入时会有严格的限制。对指标或参数的任何修改都会引起模板版本的递增，此时低版本的模板将无法通过有效性检查。选择需要导出的模板类型（见图8-15）。如果需要对全部的指标及参数进行权重的设置，则选择前者；如果只需要对还未设置权重的指标及参数进行权重的设置，则选择后者。“导出成功”界面如图8-16所示。

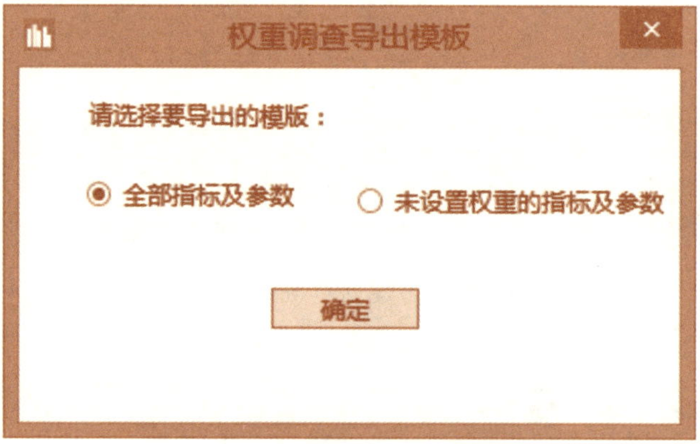

图8-15　绩效评估系统软件菜单（一）

图8-16　绩效评估系统软件菜单（二）

4.导入权重问卷结果

可以同时导入多份文件，每一份文件都必须是经由导出模板方式生成的文件。首先填写导出的权重问卷，进入“指标库”，选择“权重设置”，点击“导入数据”，选择导入文件所属的类型（见图8-17）。

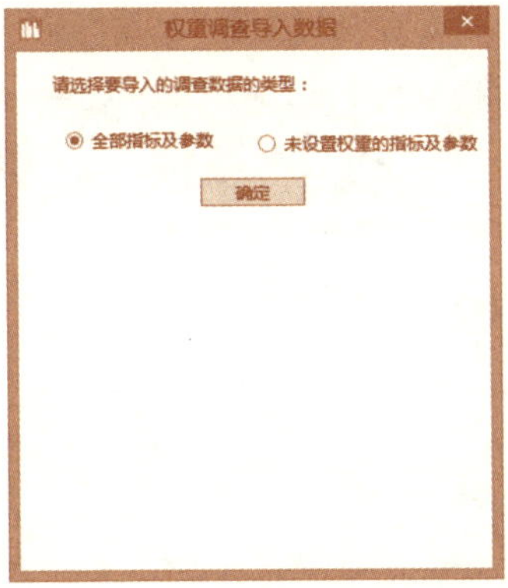

图8-17　绩效评估系统软件菜单（三）

等待导入操作，直到出现“导入过程执行成功”或“导入过程执行失败”的提示（见图8-18）。若失败，可按照失败原因更改导入的文件中的数据，再次导入。

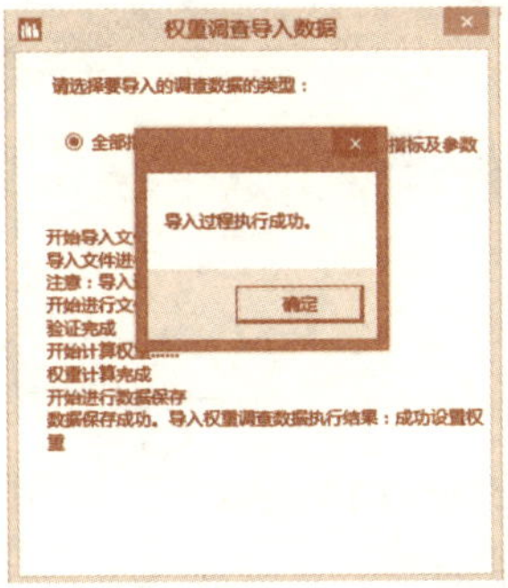

图8-18　绩效评估系统软件菜单（四）

5.数据录入

从定性和定量角度收集制度的相关数据，用来对制度进行绩效评估。录入数据有两种方式：第一，直接通过软件进行输入；第二，通过导出调查表，填写后导入的方式录入数据（见图8-19）。可直接在列表中的参数值一列进行编辑，之后点击保存。

图8-19　绩效评估系统软件界面（七）

6.导出数据调查表

参数主要分为两类：一类是客观数据，即定量化参数；另一类需由专家赋值，即未参量化的定性描述指标。故模板也分为两类，在图8-20中选择要导出的模板类型，会进入如图8-21所示的界面。

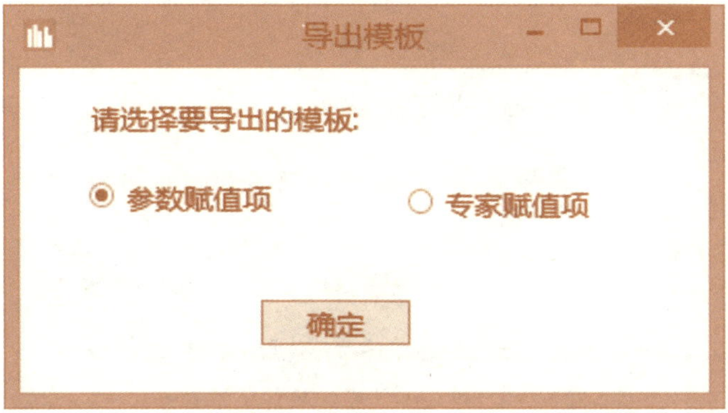

图 8-20　绩效评估系统软件菜单（五）

图 8-21　绩效评估系统软件菜单（六）

7.导入绩效评估问卷结果

8.选择要导入的文件

如果选择参数赋值项，可以导入一份文件；如果选择专家赋值项，因为要参考多位专家的意见，可以同时导入多份文件（见图 8-22）。若导入失败，可根据失败原因的提示，更正数据，重新导入。

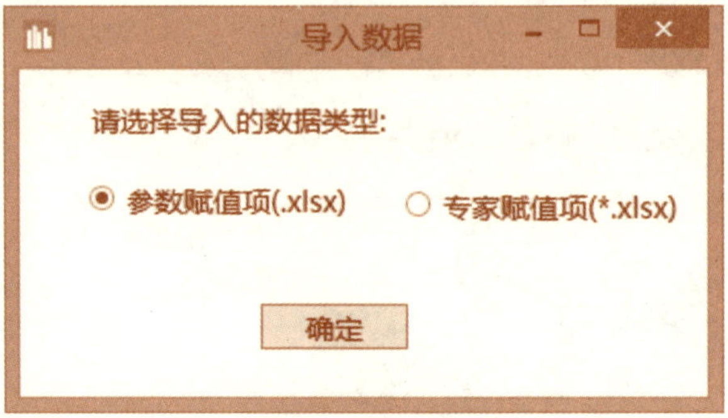

图8-22　绩效评估系统软件菜单（七）

9

引领发展篇

9.1 制度创新系统集成推进治理体系的治理能力现代化

9.1.1 与扩大开放、培育功能相适应的国际投资、国际贸易、国际金融开放型经济管理制度体系

与扩大开放、培育功能相适应的国际投资、国际贸易、国际金融开放型经济管理制度体系（见图9-1），覆盖了自贸试验区的主要任务和措施的大部分内容，建设的要旨是主动适应全球化经济治理新形势、新格局，主动对接国际贸易投资的高规格、新标准，把培育功能与政策创新相结合，形成一套适应国际、国内要素有序自由流动的管理体制和监管模式（见图9-2）。

图9-1　经济管理制度体系

这一制度体系所集成的制度包括：

（1）以外商投资负面清单管理模式为核心的国际投资管理制度、境外投资管理制度及公共服务平台；

（2）以贸易便利化及贸易转型升级为重点的“一线放开、二线管住、区内自由”口岸监管制度、货物状态分类监管制度、国际贸易“单

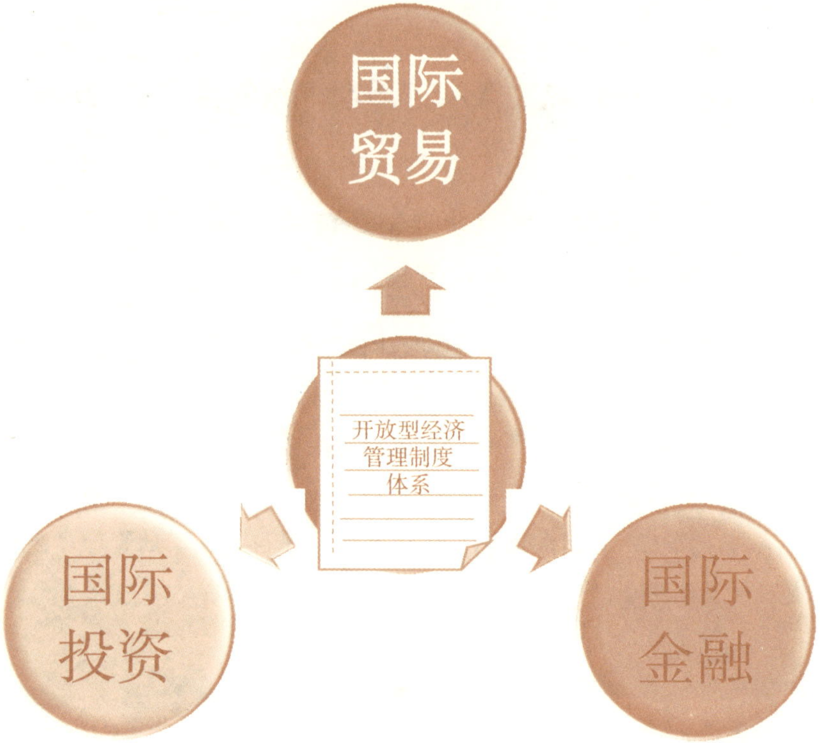

图 9-2　开放型经济管理制度体系所集成的制度

一窗口”监管模式、国际大宗商品交易及资源配置平台、电子商务公共服务平台等；

（3）以金融开放及国际金融中心建设为目标的自由贸易账户分账核算体系、境外融资与跨境资金流动宏观审慎管理制度、推进金融开放创新等制度措施。

9.1.2　与建设更高水平的市场经济体制相适应的市场准入及事中与事后监管制度体系

与建设更高水平的市场经济体制相适应的市场准入及事中与事后监管制度体系是自贸试验区的核心任务，建设的要旨是率先实行以转变政府职能为核心的行政管理体制改革，积极探索和建设既符合国际高标准投资和贸易规则体系要求，又适应我国工业化及市场经济发展阶段的行政管理体制（见图9–3）。

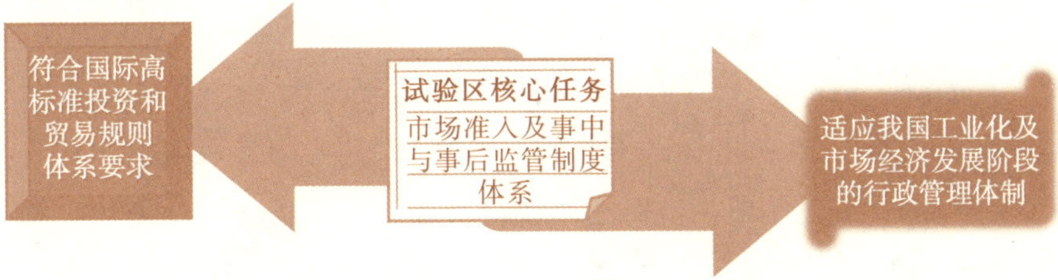

图9–3　市场准入及事中与事后监管制度体系

这一制度体系所集成的制度包括：

第一，与放宽市场准入相联系的先照后证、三证合一、企业准入单一窗口、证照分离改革等现代商事登记制度及市场准入负面清单制度试点。市场准入负面清单制度是适用于境内外投资者的一致性管理制度和措施，是对各类市场主体准入管理的统一要求，符合国际通行的商事登记制度。

第二，以政府职能转变为核心的事中与事后监管制度。政府职能由以控制和配置资源为主转变为以提供监管服务、维护市场秩序为主。政府管理由注重事先审批转为事中与事后备案制管理，率先建立公共信用信息服务平台、信息公开制度及信息共享和服务平台，企业年度报告公示和经营异常名录制度，国家安全审查和反垄断审查协助工作机制，实施竞争中立操作方案设计。

第三，以市场主体首负责任为机制的综合监管制度，政府监管和社会力量参与相结合，构建市场主体自治、行业自律、社会监督、政府监管的社会共治格局，建立信息共享、资源整合、执法联动、措施协同的工作机制。

视窗9-1

竞争中立

2011年以来，美欧等发达国家在各种国际场合提及“竞争中立”（competitive neutrality）概念，并积极在经济合作与发展组织（OECD）、联合国贸易和发展会议（UNCTAD）等国际组织中推进有关竞争中立框架的制定和推广，试图在双边、多边贸易投资协定中加入有关限制国有企业竞争优势的条款，使得竞争中立规则获得国际社会的广泛关注。

OECD认为竞争中立规则旨在提供一种更为公平的竞争环境，在竞争中立的框架下重新审视现有的法律和行政法规，使国有企业的运营环境尽量与私人企业相同。同时，竞争中立规则还要求提高透明度，即政府有义务披露其国有企业的运作成本。为达成此目的，OECD鼓励各会员方建立“竞争中立架构”（competitive neutrality framework，CNF）。在CNF下，政府应通过事前的结构调整以及事后的竞争监督（主要通过竞争法以及主管机关），降低甚至消除国有企业在竞争关系中的不公平优势，确保其竞争中立。

与一般竞争法规限制的是企业垄断行为不同，竞争中立规则强调了由企业所有权优势造成的市场不平等竞争地位。这种源于所有权的竞争优势有时不仅仅来自企业的故意行为，也可能是制度设计上的固有缺陷。可以说竞争中立规则和竞争法的规制对象有一定程度的重合部分，但各有侧重，不能完全替代。

针对政府商业活动可能在市场上获得的竞争优势，并综合多国在处理竞争中立问题时的不同侧重点和已有做法，OECD（2012）提出了“竞争中立”8个方面的政策目标：

（1）合理化政府商业活动的经营模式；

（2）识别直接成本；

（3）提高商业回报率；

（4）合理考量公共服务义务；

（5）税收中立；

（6）管制中立；

（7）债务中立和直接补贴；

（8）政府采购。

OECD（2012）认为国有企业的竞争优势问题经常来源于政府对国有企业所承担的社会责任的过度补偿，往往通过减免债务和税收、放松管制、政府采购优先权等形式。竞争中立所考量的问题是，这些补偿形式可能并非最优选择。例如，通过补偿社会责任活动，而不是补偿履行该责任的国有企业，通常更容易达到竞争中立。

9.1.3 与法治化、国际化的营商环境相适应的法治保障制度体系

建立与法治化、国际化的营商环境相适应的法治保障制度体系是自贸试验区的重要任务，建设的要旨是行为规制和监管制度的协调一致，优化治理体系和法律环境（见图9-4）。

图9-4 法治保障制度体系

这一制度体系集成的制度包括：

第一，建立与自贸试验区相适应的法律制度，对国家层面的相关法律、法规作出调整。全国人大常委会授权国务院在自贸试验区范围内对国家规定实施准入特别管理措施之外的外商投资，暂时调整相关法律规定的有关行政审批；国务院根据全国人大常委会授权，在自贸试验区内暂时调整相关行政审批规定。省（市）人大常委会制定关于自贸试验区的地方性法规，引领和保障自贸试验区的改革发展。

第二，建立完善司法保障及权益保护制度。成立地方人民法院自由贸易试验区法庭，发布自贸试验区审判指南，建立审理自贸试验区诉讼与非诉讼相衔接的商事纠纷解决机制。建立自贸试验区国际商事仲裁制度，成立自贸试验区专利、商标、版权合一管理的知识产权局，建立公平交易及商业合同的平等保护司法制度。

以上三大制度体系，第一是以适应扩大开放的管理和监管为主线，第二是以市场准入和事中与事后监管为主线，第三是以法治保障为主线。每一个制度体系中的各项措施和操作流程都要前后呼应、配套组合，集成完整而系统的制度模块。这三大制度体系在有效运行的基础上，互相协同、互相联动，构建与法治化、国际化、便利化的营商环境和公平、统一、高效的市场环境相适应的基本制度框架，实现自贸试验区的国家战略目标。

9.2 坚持五大新发展理念，促进培育发展新动能

9.2.1 坚持五大新发展理念

坚持“创新、协调、绿色、开放、共享”五大新发展理念，促进培育发展新动能和国际竞争新优势（见图9-5）。扩大开放与体制

改革相结合，通过结构性改革，改善制度供给条件，降低社会交易成本，提高经济活力和效率，促进形成新的产业链和价值链，扩大有效供给，为推动经济转型并保持中高速增长、迈上中高端水平作出贡献。

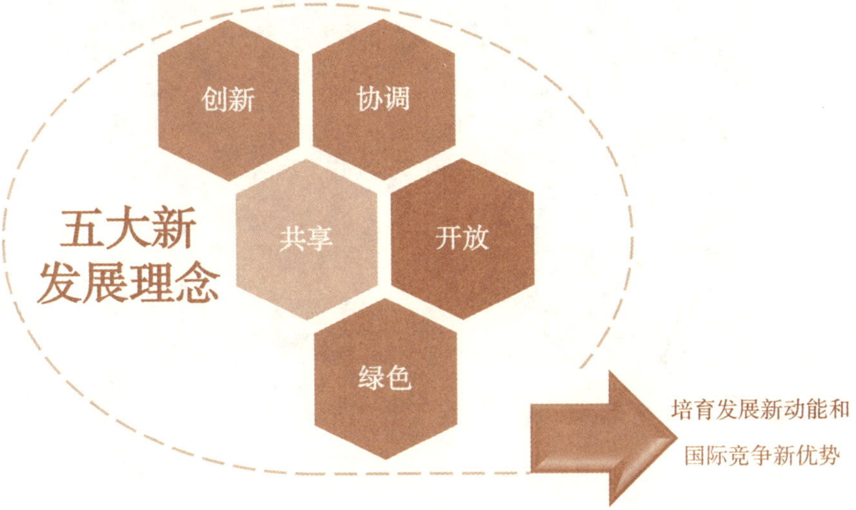

图 9-5　五大新发展理念

9.2.2　突出创新发展与开放发展

在全面贯彻五大新发展理念中，自贸试验区应特别强调坚持创新发展与开放发展（见图 9-6）。在创新发展方面，着重推进制度创新和科技创新，形成促进创新的体制架构，培育创新驱动的引领型发展先发优势。在开放发展方面，着重提高对外开放水平，对标国际高标准的投资贸易规则，发展更高层次的开放型经济，同时为提高我国在全球经济治理中的话语权提供制度条件、技术条件支持。

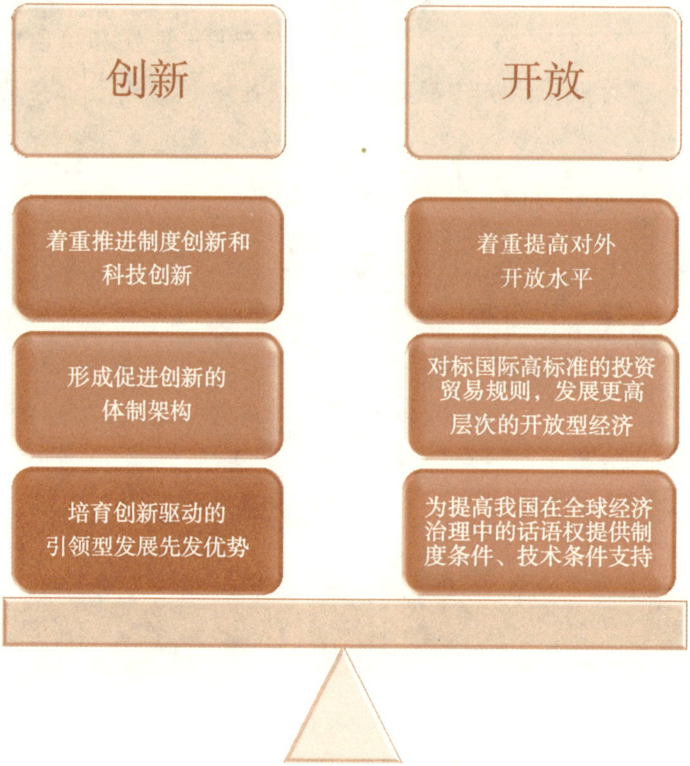

图 9-6　创新发展与开放发展

9.3　对照高标准全球化治理规则，培育国际竞争新优势

9.3.1　优化负面清单管理模式，促进投资领域开放

外商投资负面清单管理模式是现行国际规则。早在1992年，美国、加拿大和墨西哥即签署了北美自由贸易区协定（NAFTA），该协定是最早采用“不符措施”（non-conforming measures）和“保留条款”（reservation measures）（中国称之为负面清单）形式的国际投资贸易协定。自贸试

验区施行的负面清单，其实质功能是外商投资准入特别管理措施，在负面清单之外给予外商投资准入前国民待遇。负面清单管理模式优化一方面要对诸如投资定义、间接征收、自由投资转移、公平与公正待遇、非歧视原则等重要概念作出尽可能清晰的界定，在话语上与国际标准统一，以透明的外资准入管理模式和流程吸引高端产业和优质资本；另一方面要列明国家监管的兜底条款，设置有效的反垄断审查及国家安全审查协助工作机制和投资者-国家争端解决（investor-state dispute settlement，ISDS）机制（见图9-7）。自贸试验区的负面清单试验要为国际高标准的经贸谈判提供实践经验和技术支持，同时为开放型经济新体制的构建提供先行先试经验。

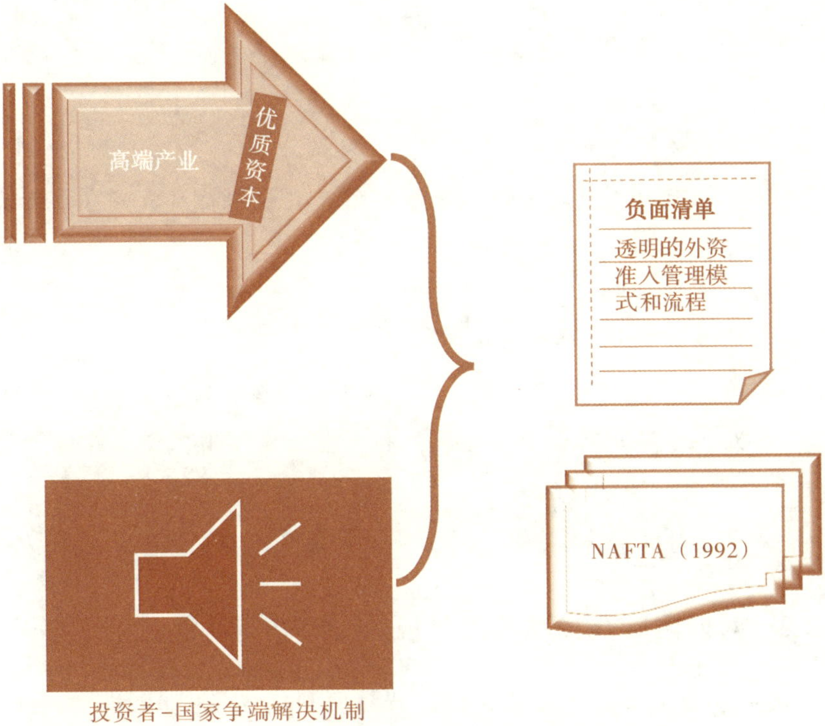

图9-7　优化负面清单管理模式

视窗9-2

投资者-国家争端解决机制

在传统国际法上，争端解决程序仅适用于国家之间。如果外国投资者的权益遭受东道国不法措施的侵害，其只能寻求母国的外交保护。投资者-国家争端解决机制源于国际商事仲裁，其目的在于避免此类争端解决的政治化。投资者-国家争端解决机制广泛存在于现有双边投资协定和自由贸易协定的投资章节中。它允许投资者不经过国内法院程序直接就东道国违反条约甚至合同义务提起国际仲裁，期望在国际层面上为外国投资者提供一个国际化的、相对迅速的、基于事实并中立的争端解决机制，促使相关国家遵守其国际义务，保障投资者利益。

目前国际上解决投资者-东道国争端的主要途径包括（陈立，2014）：

第一，磋商或谈判；

第二，东道国当地救济，包括利用东道国的行政救济（如行政复议）与司法救济（如行政诉讼）；

第三，提交依据《华盛顿公约》建立的《解决国家与他国国民之间投资争端公约》仲裁解决；

第四，提交其他国际仲裁机构如国际商会仲裁院仲裁解决；

第五，适用《联合国国际贸易委员会仲裁规则》通过临时仲裁（或特设仲裁）等方式解决；

第六，利用东道国救济与国际仲裁的混合方式解决等。

9.3.2 对照国际高标准的贸易规则，提升贸易便利化水平

自贸区的主要功能之一是促进贸易便利化（见图9-8）。“一线放开”是自贸区贸易便利化的直接体现（见图9-9）。

图9-8　提升贸易便利化水平

图9-9　自贸区贸易便利化的直接体现——“一线放开”

"一线放开"海关监管的主要特点是实现货物进出自由。国际惯例包括以下几方面内容：

第一，按所在国或地区规定允许进出口的商品，均可进入自贸区，并且不受数量、途径、关税、原产地、起运国或指运国等限制。

第二，进入自贸区的商品不缴纳关税，也不办理海关手续。如果从随附商业或官方单证上已获信息，海关不应要求货物申报。

第三，海关对运入区内的货物不应要求出具担保函。

贸易便利化是各国自贸区竞争的核心制度。这一制度要求在开放环境下实施便捷高效的监管服务，即在"一线放开"的同时，要有严密的监管服务和措施跟进，严格守住风险底线，这就需要海关实施便捷、高效的精准查验制度。贸易便利化的另一个重要机制是国际贸易单一窗口。自贸试验区的国际贸易单一窗口要完善服务功能和运作机制，进一步集成物流和监管流程，基本实现口岸与贸易管理及供应链的各环节全覆盖；开展国内区域间的单一窗口合作和互联互通，推进跨区域通关一体化改革；启动国际性联通项目应用试点。

9.3.3 对照全球资本流动的自由化发展趋势，试验金融开放创新监管制度

根据国际货币基金组织的资料，随着经济全球化的发展，无论在发达经济体还是新兴经济体，跨境资本流动呈现出越来越开放的总体趋势（见图9-10）。在一般情况下，资本流动自由化可以对诸如金融部门的发展、宏观经济政策的实施、贸易和经济的增长等起到促进作用。在微观层面上，资本流动自由化可以使企业更便利地获得资本，为生产性投资提供资金，并使家庭和企业能够实现投资组合多元化，以规避风险。但是，大规模资本流动也可能带来风险，使金融系统和宏观经济受到冲击。因此，自贸试验区要在金融开放条件下创新金融体系和监管制度，建立健全审慎的监管框架来管理资本流动可能引起的风险。审慎监管框架不是为了限制资本流动，而是保证金融体系的

适应性和健全性，加强金融风险防范，守住不发生系统性风险、区域性风险的底线。

图9-10　对照全球资本流动的自由化发展趋势，试验金融开放创新监管制度

主要参考文献

[1] 胡彬，赵晓雷. 转型视角的上海自贸试验区功能扩展问题研究 [J]. 城市观察，2015（4）：5-14.

[2] 许宏强，龚柏华，杜金岷，等. "自贸试验区"战略走向评估 改革传媒发行人、编辑总监王佳宁深度对话六位知名学者 [J]. 改革，2015（5）：5-24.

[3] 赵晓雷. 上海自贸区制度创新的可复制研判 [J]. 瞭望，2015（27）：44-45.

[4] 肖林. 国家试验：中国（上海）自由贸易试验区制度设计 [M]. 增订版. 上海：格致出版社，上海人民出版社，2015.

[5] 上海财经大学自由贸易区学院. 赢在自贸区2：经济新常态下的营商环境和产业机遇 [M]. 北京：北京大学出版社，2015.

[6] 赵晓雷. 中国（上海）自贸试验区实施竞争中立操作方案设计 [J]. 科学发展，2014（11）：29-31。

[7] 何骏，赵晓雷，郭岚. 中国（上海）自由贸易试验区离岸业务税收政策研究 [J]. 外国经济与管理，2014（9）：73-80.

[8] 杨嬛，赵晓雷. 基于国际比较的预约定价机制：中国（上海）自由贸易试验区实施建议 [J]. 科学发展，2016（8）：46-51.

[9] 赵晓雷. 胜在自贸区 [M]. 北京：首都经济贸易大学出版社，2015.

[10] 蒋传海，赵晓雷. 中国（上海）自由贸易试验区与国际经济合作 [M]. 上海：上海财经大学出版社，2013.

[11] 上海财经大学自由贸易区研究院，上海发展研究院. 全球自

贸区发展研究及借鉴［M］. 上海：格致出版社，上海人民出版社，2015.

［12］周奇，张湧. 中国（上海）自贸试验区制度创新与案例研究［M］. 上海：上海社会科学出版社，2016.

［13］刘晓红，贺小勇. 中国（上海）自由贸易试验区法治建设蓝皮书［M］. 北京：北京大学出版社，2016.

［14］干春晖. 中国（上海）自由贸易试验区海关监管与制度改革发展报告［M］. 北京：法律出版社，2016.

［15］孙元欣. 2016中国自由贸易试验区发展研究报告［M］. 上海：格致出版社，上海人民出版社，2016.

［16］洪俊杰，赵晓雷. 中国（上海）自由贸易试验区发展机制与配套政策研究［M］. 北京：科学出版社，2016.

［17］黄茂兴. 中国（福建）自由贸易试验区发展报告（2015—2016）［M］. 北京：社会科学文献出版社，2016.

［18］Organization for Economic Cooperation and Development. Competitive neutrality：maintaining a level playing field between public and private business［R］. 2012.

［19］World Bank. Doing business 2016：measuring regulatory quality and efficiency［R］. Washington D. C.，2015.

［20］World Bank. Doing business 2014：understanding regulations for small and medium-size enterprises［R］. Washington D. C.，2013.

［21］陈力. 上海自贸区投资争端解决机制的构建与创新［J］. 东方法学，2014（3）：97-105.

［22］陈立斌，汤黎明，任明艳. 中国（上海）自由贸易试验区投资争端解决机制的探索［EB/OL］.（2015-12-19）［2017-03-22］. http://finance.sina.com.cn/sf/news/2015-12-19/154014075.html.

［23］陈静，王治国. 上海启动自贸试验区诉讼与非诉讼相衔接的商事纠纷解决机制［EB/OL］.（2014-05-27）［2017-03-22］. http://www.chinanews.com/fz/2014/05-27/6218650.shtml.

［24］李文泓. 宏观审慎监管政策框架与治理机制［J］. 清华金融评论，2014（4）：28-31.

［25］唐宜红，姚曦. 竞争中立：国际市场新规则［J］. 国际贸易，2013（3）：54-59.

［26］赵晓雷. 国家战略：上海自贸试验区的历史使命［N］. 文汇报，2014-06-16.

［27］唐玮婕. 上海财经大学完成的自贸试验区第三方评估报告指出——制度创新"良种"可分类复制推广［N］. 文汇报，2014-11-14.

［28］王志彦. 自贸区制度创新满意度逾80%［N］. 解放日报，2014-11-14.

［29］吴雨，刘铮. 中国央行2016年起实施宏观审慎评估体系［EB/OL］.（2015-12-29）［2017-03-22］. http://news.xinhuanet.com/2015-12/29/c_128579319.htm.

［30］佚名. 中国（上海）自由贸易试验区运行一周年新闻发布会［EB/OL］.（2014-09-28）［2017-03-22］. http://www.scio.gov.cn/xwfbh/gssxwfbh/fbh/Document/1382180/1382180.htm.

［31］张庆麟. 欧盟投资者-国家争端解决机制改革实践评析［J］. 法商研究，2016（3）：143-155.